普通高等教育公共基础课系列教材

大学生职业生涯规划

（修订版）

丁茂芬　曾长霞　主编

郑　媛　王慧霞　夏　凤　方叶惠子　副主编

雷华国　钟　扬　叶晋利　诸葛晏　舒　佳　何吕亚　傅陈诚　参编

张鑫燕　主审

科学出版社

北　京

内 容 简 介

本书详细介绍了大学生职业生涯规划的基本理论及个人职业生涯规划的相关内容，对影响大学生职业选择的个人与环境因素进行了探讨，并指导大学生如何适应大学生活、寻找和把握就业机会、进行职业生涯规划和自主创业，对大学生顺利度过大学生活、做好各种职业储备、科学规划自己的职业生涯有很好的指导作用。本书主要内容有认识职业生涯规划、自我探索、探索职业世界、职业决策、行动方案、职业生涯规划书撰写与展示技巧和附录。

本书可作为高等职业院校各专业的公共基础课教材，也可作为各类职业培训机构学员的学习参考用书。

图书在版编目（CIP）数据

大学生职业生涯规划/丁茂芬，曾长霞主编. —北京：科学出版社，2016.9
（普通高等教育公共基础课系列教材）
ISBN 978-7-03-049971-4

Ⅰ.①大…　Ⅱ.①丁…②曾…　Ⅲ.①大学生-职业选择　Ⅳ.①G647.38

中国版本图书馆 CIP 数据核字（2016）第 227343 号

责任编辑：李　海　宫晓梅 / 责任校对：王　颖
责任印制：吕春珉 / 封面设计：东方人华平面设计部

科学出版社出版
北京东黄城根北街 16 号
邮政编码：100717
http://www.sciencep.com
三河市骏杰印刷有限公司印刷
科学出版社发行　各地新华书店经销
*
2016 年 9 月第　一　版　开本：B5（720×1000）
2020 年 9 月修　订　版　印张：10 1/4
2022 年 7 月第七次印刷　字数：207 000

定价：35.00 元

（如有印装质量问题，我社负责调换〈骏杰〉）
销售部电话 010-62136230　编辑部电话 010-62135927-2014

前　言

近年来，职业生涯规划教育逐步普及，教师队伍职业化、专业化不断增强，各种本土化的教材也层出不穷。职业生涯规划教育从职场到大学，甚至是高中、初中，不断提前，日渐受到重视。职业生涯规划课程是高等职业教育学校学生的必修课程，其目的是引导学生树立正确的职业观念和职业理想，运用相关理论或技术，根据社会需求和自身特点进行长远规划，并以此调整当下的行为。

随着我国创新创业教育的推广，就业或创业已经成为广大毕业生必须面对的问题。职业生涯规划课程，可辅助大学生了解自我、了解社会环境，学会决策方法，为职业生涯选择提供更多的视角，从而采取更优化的行动。

本书的编写具有以下特点。

1. 突出可操作性。在内容的安排上，根据高职学生的特点，理论精要简明，重点突出可操作性，留出大量思考题。特别是拓展体验环节，让学生在活动中增加体验，积极地把所学知识应用到实践中。本书在内容上循序渐进、深入浅出、寓教于乐。

2. 体例灵活性。在体例上分为项目目标、项目描述、项目环节、知识点拨、案例分享、拓展体验、动脑小测。从项目导入，在课堂学习，在课外进行拓展和强化，突破章节的固有模式，使用更加轻松和活泼，阅读更加方便有效。

3. 引导沉淀性。整个课程按照职业生涯规划的基本流程来进行，先“知己”，后“知彼”，再“决策”，基本涵盖了职业生涯规划过程中所需的各种知识和技巧。一般只有在做好前一步的基础上，才能更好地进行下一步的规划工作。课程不只是单纯好玩，更重要的是引导大家沉淀下来进行思考，不能急于求成，尤其是“自我探索”过程要多花些时间，静心做到深入思考。教师对于本书的使用，也要注意自身对职业生涯规划理论的掌握，不能用类型理论来贴标签。

本书由丽水职业技术学院丁茂芬、曾长霞担任主编，由郑媛、王慧霞、夏凤、方叶惠子担任副主编，由张鑫燕主审。参加本书编写工作的还有钟扬、叶晋利、诸葛晏、雷华国、舒佳、何吕亚、傅陈诚。

由于作者水平有限，书中难免有疏漏之处，敬请广大读者批评指正。

目　　录

项目1

认识职业生涯规划

1.1 项目目标

◇ 帮助学生认清大学学习的目的。
◇ 了解职业生涯的理念。
◇ 了解职业生涯的基本含义。
◇ 了解为什么要做职业生涯规划。
◇ 了解如何确定职业生涯规划的目标。
◇ 了解职业生涯规划的环节和方法。

1.2 项目描述

正确理解生涯规划的理念，提高对生涯规划意义的认识，做好生涯唤醒，积极进行生涯探索。

1.3 项目环节

1.3.1 环节一：有问必答

要求：①根据问题进行思考，每人必答，请在省略处添加；②如实回答，不分对错与是非；③鼓励相互讨论。

问题 1.1：我为什么来读大学？

① 找到一份好工作。
② 为了更好地发展。
③ 自然而然的事情，没想过。
④ 完成父母的心愿。
⑤ 丰富人生经历。
……

追问

① 什么样的工作是好工作？
② 你怎么知道哪个好工作适合你去做？
③ 如何找到那份好工作？
④ 为了找到那份好工作你打算怎么去做？

问题 1.2：选择专业的时候，我做了什么？

① 问了班主任、老师。
② 家里有亲戚就是做这个工作的。
③ 从小就接触，并很喜欢。
④ 上网查了一些资料。
⑤ 服从调剂，没认真想过。
⑥ 糊里糊涂，不知怎么就来了。
……

如果你之前做了一些职业生涯规划，恭喜你，你先行一步。如果你从来没有接触过职业生涯规划，恭喜你，你有了新的开始。职业生涯规划，从入学开始，同学们要用理性的思维和主动的态度，在深度认识和广泛体验的基础上，开始你的职业生涯规划之旅。

名言：

“今天年轻人求职时，最容易犯的错误是什么？”“我不知道自己想要什么。”

——保罗·波恩顿（索科尼石油公司）

“你应庆兴自己是世上独一无二的，应该把自己的禀赋发挥出来。经验、环境和遗传造就了你的面目，无论是好是坏，你都得耕耘自己的园地；无论是好是坏，你都得弹起生命中的琴弦。”

——卡耐基

1.3.2 环节二：穿红色衣服的人

活动：请同学们闭上眼睛，猜猜身边有没有穿红色衣服的人？有多少人穿了红色衣服？

你可以睁开眼睛看看，并数一数。

请同学们再一次闭上眼睛，回忆一下教室顶面有几盏灯？窗帘是什么颜色？

有个概念叫“选择性注意”，就是人们在同时存在的两种或两种以上的刺激信息中，选择了一种进行注意，而忽视其他的刺激信息。当红色、灯、窗帘不在你选择注意的范围内时，你忽视了它们，当它们成为你注意的目标时，你很快辨认出来。如果我们把注意力看作是一种能量，那么目标帮我们聚集了能量。所以，当一个人的生涯发展中有目标时，这个人就容易集中所有的能量和资源去实现，成功的可能性就更大。

一位学者曾经指出：“设定明确的目标，是所有成就的出发点，目标之所以有用，仅仅是因为它能帮助我们从现在走向未来。”明确的目标是所有成就的出发点，是追求成功的驱动力。志向是事业成功的前提，如果没有志向，那么事业成功也就无从谈起；如果没有目标，那么成功就会摸不着方向。所以，首先我们要立下志向、明确目标，这是制订职业生涯规划的关键，也是职业生涯规划中最重要的一点。

在制订职业生涯规划时应考虑以下3个问题：①确定想要的是什么？②清楚地知道现在的行为模式能否得到它。③找出更有效的行为模式去实现它。

1.3.3 环节三：职业生涯环节你问我答

一个系统的职业生涯规划包含了如图1-1所示的环节，请同学们积极提问，如我看到了什么？我有什么不明白的地方？

（1）觉知与承诺

了解职业生涯规划的重要性，并愿意花时间来规划自己的生活。职业生涯规划是个过程，是面对职业生涯发展的态度。它让我们对自己的职业生涯有了责任意识，并引导我们朝着目标前行。

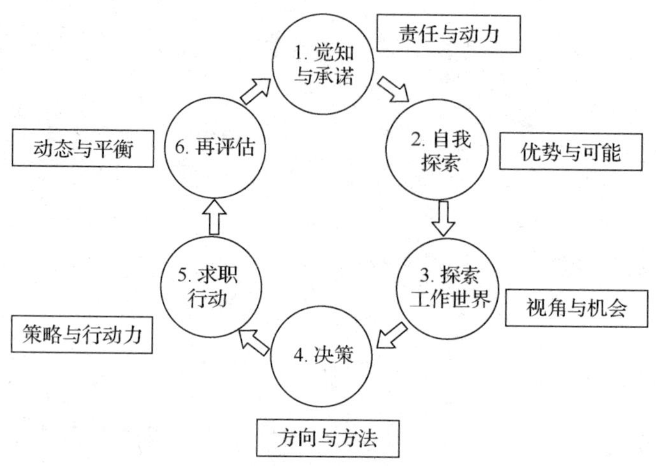

图 1-1　一个系统的职业生涯规划所包含的环节

（2）自我探索

系统化的职业生涯规划是一个“由内而外”的过程，其目的是了解自己、开发潜能。通过科学认知的方法和手段，对自己的职业兴趣、气质、性格、能力等进行全面认识，清楚自己的优势与特长、劣势与不足。

（3）探索工作世界

要做到“知己知彼”，工作世界的信息提供我们更多的视角，发现更多的机会。

（4）决策

决策是综合整理和评估信息的部分。掌握决策方法，让生涯方向更准确。

（5）求职行动

求职行动是将全部的探索和思考进行落实的阶段。

（6）再评估

随着外部环境的变化，不断调整自己的规划。职业生涯规划是个循环、动态的过程。

1.3.4　环节四：唤醒心中的巨人

小娜觉得自己的大学生活没有色彩，新鲜感已经过去，活动也不想参加。自己也没什么特长，每天不是上课就是睡觉，考试结果 90 分和 60 分也没有多大区别。身边的人要么很忙，但不知忙什么；要么很闲，闲得茫然。偶尔想想自己的未来，也想努力做点什么，但是实在又不知道从何入手，着实有些沮丧和焦虑。

米歇尔罗兹指出：职业生涯规划有突破障碍、开发潜能和自我实现三个积极目的（图 1-2）。我们的理想和行动之间，经常存在着内在障碍和外在障碍。

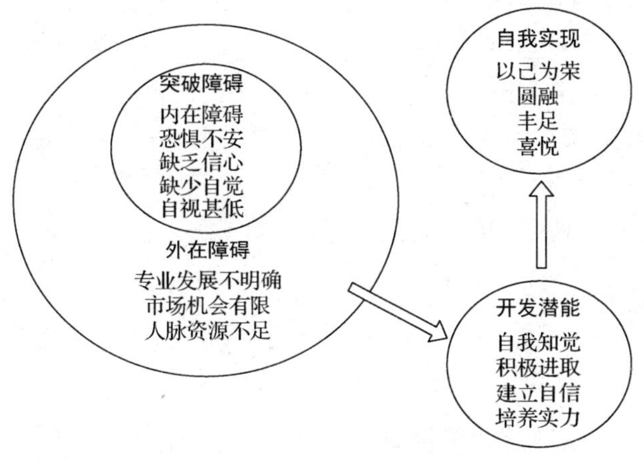

图 1-2　职业生涯规划的三个积极目的

问题 1.3：大家一起分析，我们遇到了一些什么障碍？你是如何克服的？

拓展阅读：

1. 职业生涯规划是贯穿一个人**一生的过程**。

2. 职业生涯规划的主体是**自己**。

3. 职业生涯规划的功能在于为职业生涯找出**目标**，并找出达成目标所需采取的**行动**。

1.3.5　环节五：承诺和分享

阅读以下激励语并领会其中的意思，然后积极分享：

1）我有积极进取的人生态度。

2）我对未来的成就充满希望。

3）我有良好的人际关系。

4）我有健康的体魄，更有优雅的风度。

5）我愿意与他人共享自己的成就。

6）我胸襟广阔，能容人容物。

7）我有良好的自律性。

8）我热爱自然，热爱自己，热爱他人。

9）我渴望成功，而且一定能够成功。

10）我很漂亮，也很潇洒。

11）我快乐，今天心情很好。

请同学们选择其中一句背诵，用以下句式上台轮流展示：“问候，我是+学号+姓名+自选一句激励语+致谢。”示例：“大家好，我是 1 号陈丽，我渴望成功，而且一定能够成功，谢谢。”

1.4 知识点拨

1.4.1 职业生涯规划的历史

职业生涯规划起源于西方。1908 年，美国波士顿大学教授帕森斯在波士顿成立职业指导局，迈出了职业辅导活动系统化的第一步。帕森斯提出了“选择一项职业”要比“找一份工作”重要的理念，并提出了职业辅导的步骤。因此，1908 年也就成为系统地进行职业辅导的开端。西方国家一直比较重视职业生涯规划，职业生涯规划成为许多大公司人事部门为员工服务的一项重要内容，许多国家的学校教育中也早就有职业生涯辅导这一课程。在美国，小孩从幼儿园开始就接受职业生涯教育，高中阶段更是请专家给学生们作职业兴趣分析。虽然高中生的职业生涯并没有定型，但通过职业日、职业实践等活动，可以观察学生们表现出来的兴趣，并进行有效引导，以达到根据其兴趣确定职业取向的目的。

相比而言，职业生涯规划在我国起步不久，主要集中在高等教育阶段，小学和中学极少涉及。大学生缺乏相关的基础知识和基本意识，普遍不重视。这项工作是一个新的课题，需要广大高等院校集中力量进行研究和探讨。

1.4.2 职业生涯规划的含义

1. 含义

职业生涯规划，又叫职业生涯设计，是指一个人对自己未来职业发展历程的计划，具体是指结合个人自身情况、所面临的机遇和制约因素，为自己确定职业方向、职业目标，选择职业道路，确定学习计划、训练计划和发展计划，为实现职业生涯目标而确定的行动方案。良好的职业生涯规划应具备可行性、适时性、适应性和持续性。

好的职业生涯规划有利于学生针对自己的实际情况发挥主观能动性，实现自己的人生理想。它的核心是要了解、分析自己的个性倾向、兴趣爱好和专业素养，对自己的过去、现在和未来做一次认真、全面、客观的了解、审视和评估，为自己描绘一个科学合理的职业蓝图，并最终制订一个切实可行的行动方案，为实现自己的职业理想去充实知识、训练技能、磨炼意志等。

大学时代是所有人最值得珍惜和回忆的青春时代，虽然它只是人生中不长的几年，但是因为它汇聚了人们青春中最炽热的年华而备感深远。大学生活包含了青春的骄傲，也充满了对生存的苦恼。有些人在这里踌躇满志；也有些人在这里迷失了方向，对自己的前途持迷惘和无奈的态度，每天得过且过，认为自己毫无目标可言。其实，这是一种极其消极和错误的观念。

2. 职业生涯规划的重要性

1）以既有的成就为基础，确立人生的方向，提供奋斗的策略。

2）突破生活的界线，塑造清新充实的自我。

3）准确评价个人特点和强项。

4）评估个人目标和现状的差距。

5）准确定位职业方向。

6）重新认识自身的价值并使其增值。

7）发现新的职业机遇。

8）增强职业竞争力。

9）将个人、事业与家庭联系起来。

职业生涯规划对每一位大学生都具有重要作用，它的良好规划将决定个人职业的发展，也将决定毕业后就业的方向和目标，对每个人的一生都非常重要。职业生涯规划的重要作用如下。

（1）有利于促使学生实现自我职业定位

一项调查表明，有 67.29%的大学生确定了自己的职业定位，但是有 49.84%的大学生对自己所选择的职业缺乏了解。一般来说，一个人的职业生涯规划是在大学期间形成的。越早地树立正确的职业理想，确立明确的职业目标，就能越早地投入现实去实现它们。有这样一句谚语：“通往失败的路上，处处都是错失的机会，坐待幸运从前门进来的人，往往忽略了从后门进入的机会。”机会只留给有准备的人。所以，无论你从事什么工作，都应该积极而快速地确定你的职业目标。这样，职业生涯规划就成了一个承载你成功的基石，它能让你的人生有方向，事业有目标，脚踏实地、满怀信心地去迎接未来的挑战。

大学生职业生涯规划从踏入大学校园时就要开始，可是该怎样计划呢？既不能想当然，更不能好高骛远。首先，要根据自己的兴趣爱好制订计划（一个人一生不能从事自己喜欢的职业是一件很痛苦的事）；其次，要根据自己在实践中不断增长的见识，适时调整自己的计划；最后，要注意规划的可行性，最好将规划分阶段细化，一步一步从小事做起。规划订好后，就要认真执行，一切全在于自己的自主、自觉。因此，大学生要以对自己未来负责的强烈责任心来实施这个职业生涯规划。

（2）有利于实现职业理想

许多大学新生总是将大一作为高考冲刺后的休养阶段，学习和生活都没有了计划和规律，失去了奋斗的目标，迷失了方向，随波逐流，虚度光阴，以致毕业时不堪回首。其实，大学是人生的一大转折点，学习和生活方式与以前相比发生了很大的变化，自主是这个阶段的主要特点。大学几年飞逝而过、转瞬即逝，能不能过得有意义，能不能为以后的职业生涯奠定坚实的基础，就在于你能不能规划好这几年的时间。所以，每一位大学生都应该意识到，你今天的进校，就将是明日的离校，要尽早明确自己的职业目标。

一个人如果想有所成就，应将自己的职业理想和职业目标规划到日常的生活和学习中，使自己的生活和学习有目的性、条理性、计划性。漫长的职业之旅，如大海里行船，遇到风暴和迷雾时很容易被大海吞没。事业的发展既需要方向，也需要舵手，需要职业生涯规划来为职业理想的实现保驾护航。

（3）有利于适应社会发展需要

在现实中我们看到，许多学生在进入最后一年的学习时，对于以后自身的事业发展没有比较明确的计划。于是，只能在进入择业阶段多做简历，四处分发，然后从对自己有意向的单位中挑选比较满意的。这样的“广种薄收”必然使自己处于被动选择的境地。不了解社会需求，不了解自身特点，“摸着石头过河”，表面上“干什么都行”，实质上蕴含了很大的就业风险，甚至可能因为首次择业的不当而使自己以后的事业发展受到影响。因此，大学生应从个人实际出发，对职业岗位的需求做出客观分析，将个人的职业意愿、自身素质与能力结合起来加以考虑，充分估计自己能否胜任某项职业的要求，认真评价个人职业意愿的可能性。根据自身条件和社会发展的需求来规划和开发自己的职业生涯，这样才能充分发挥自己的才能，使自己更好地适应社会、融入社会。

（4）有利于激励人生价值的实现

每个人都有自己的人生价值，但它的实现是通过从事一定的职业，去展示自己的智慧和才华，发挥自己的潜在能力来实现的。凡是在事业上取得成就、做出成绩的人，都与其职业有关，如职业运动员取得世界冠军、科学家获得重大发明等。辉煌的职业生涯带来辉煌的人生，同时也带来事业的成功和人生的幸福。职业生涯规划激励着人们靠自己的聪明才智和开拓创新去赢得辉煌的人生。因此，大学生应珍惜在校学习时间，养成勤奋、严谨、积极向上、求实创新的作风，脚踏实地地走向成功。

3. 职业生涯规划的理念

1）职业生涯规划是理性与感性的融合过程。

2）职业生涯规划是全方位、立体化的系统工程。

3）职业生涯规划是差别化的、因人而异的。

4）职业生涯规划是动态的、变化的、开放的。

4. 职业生涯的发展阶段

《论语·为政》中记载："吾十有五而志于学，三十而立，四十而不惑，五十而知天命，六十而耳顺，七十而从心所欲，不踰矩。"人的一生必须经过漫长的阶段，从孩童到青涩、从年轻到年老。那么，一个人的职业发展又是由几个阶段组成的呢？我们该如何从容面对各个阶段可能存在的问题呢？

职业生涯阶段是按照年龄划分的，不同的学者对职业年龄阶段的划分也不同，各有其特点。美国职业生涯指导专家卡耐基将人生每10年作为一个阶段，他的观点是：变化的20岁、充实的30岁、成熟的40岁、秋暮的50岁。职业生涯发展理论专家金兹伯格将人的职业生涯发展划分为3个阶段，即幻想期（11岁以前）、尝试期（11～18岁）和实现期（19岁以后）。从他的3个阶段来看，他着重研究的是一个人的早期职业生涯发展。职业生涯发展专家休普将人的职业生涯发展划分为4个阶段，即试探阶段（25岁以前）、创立阶段（25～45岁）、维持阶段（45～65岁）和衰退阶段（65岁以上）。职业生涯发展研究领域的权威人士之一萨帕将人的职业生涯发展划分为5个阶段，即成长阶段（0～14岁）、探索阶段（15～24岁）、创业阶段（25～44岁）、维持阶段（45～64岁）和衰退阶段（65岁以上）。在探索阶段又分为试探期、转变期、尝试和初步承诺期，在创业阶段分为稳定期和建立期。美国学者利文森将人的职业生涯发展划分为6个阶段，即拔根期（12～22岁）、成年期（22～29岁）、过渡期（29～32岁）、安定期（32～39岁）、潜伏的中年危机期（39～43岁）和成熟期（43～59岁）。

综合各方面的因素，一般认为将人的职业生涯发展划分为6个阶段，即起步阶段、塑造阶段、迅速发展阶段、开拓阶段、稳定阶段和总结阶段。

（1）起步阶段（毕业后工作1～3年）

之所以称为起步阶段，是因为现今的企业还很重视经验，加上刚从学校走向社会，也就是从学习迈向工作，有个起步适应阶段，这个阶段往往导致各方面都不尽如人意，无疑会给个人职业的发展带来一定阻碍。只要熬过这个过渡阶段就好了，需要记住的是"心态决定一切"，保持一份良好的心态，将是事业成功的保证。

（2）塑造阶段（毕业后工作 3～6 年）

一旦耐心地“承受”过了起步阶段，便迎来了职业的塑造阶段。这个阶段开始在职场如鱼得水、发挥才能。在这个时候，因为已经拥有了一定的工作经验，经受了一定的磨炼，所以各方面都开始成熟起来。根据自身的性格，看哪些是自己所擅长的，而哪些又是自己所缺乏的，然后进行调和。通过“扬长避短”来实现“取长补短”。只有在这种正确态度的指引下，你和你的领导才能更清楚你应该做什么。

（3）迅速发展阶段（毕业后工作 6～10 年）

随着自身特点日渐明显，工作得到不断改进与实践，就开始由职业塑造走向职业发展了。这个时候由于年龄的因素，到了该成家的时候了，加上工作年龄的成熟，就不自觉地开始认定“你是干哪一行的”了。

但这时又出现一个问题，那就是在某个领域工作时间越久，接下来的求职面就越窄。因为当你在一个工作单位工作到一定时间后，再次找工作，对方会先看你原来做的是什么，然后才决定你来了之后做什么。他们往往希望你原来的工作领域能和现在的工作挂钩，如果他们发现你原来的工作与现在的新工作并不“对口”，那他们要么直接拒绝；要么觉得你很优秀，会简单地进行一些入职培训，然后让你上岗磨炼。因为他们认为你已经没有必要再接受完整的培训了，这是你在原单位都应该做了的事，你来新单位就应该尽快释放能量。这时候你又该怎么办呢？最好的办法就是调整好心态，学会快速地适应新工作。

（4）开拓阶段（毕业后工作 10～15 年）

到了这个阶段，你已经是“三十而立”了，从这个阶段开始，不能说是“职业”，而应说成“事业”了。这将意味着你开始从“前期职业”阶段走向“人生事业”的开拓历程。可能你在这个阶段仍然保持着原来的职业状态，仍然是每天在为“老板”的事业而奔波，但丰富的阅历和思想的成熟已经把你推向了事业发展的新高度，你将把前期所储存的能量全部释放出来，为自己、更为你的家庭而不停地努力。

（5）稳定阶段（毕业后工作 15～30 年）

此阶段你所需要干的事情是如何使你的事业在平稳中持续上升。在这个阶段，你已经是“四十而不惑”了。前期职业发展已经为你积淀下基石，你曾经的激昂青春、豪言壮语将在这个阶段变为现实，你将被推向事业的巅峰，但这一切美好结果的前提是你在前面几个阶段都要很努力。

（6）总结阶段（毕业后工作 30 年以后）

如果你奋斗到了这个阶段，应是“桃李满天下”的时候，如果青春无悔，自当安享晚年。

地球上的万事万物都有自己的生命历程，都需要发展，只要每个人都能结合自己的性格、特长等多方面因素认真剖析自我，就必然能找到适合自己的职业生涯发展路径。

5. 职业生涯规划的期限

职业生涯规划的期限，划分为短期规划、中期规划和长期规划。

1）短期规划。一般为3年以内的规划，主要是确定近期目标，规划近期完成的项目。

2）中期规划。一般为3～5年的规划，主要是确定3～5年内的目标与项目。

3）长期规划。一般为5～10年的规划，主要是设定较长远的目标。

6. 职业生涯规划的前提

（1）正确的职业理想及明确的职业目标

职业理想在人们职业生涯规划过程中起着调节和指引作用。一个人选择什么样的职业，以及为什么选择某种职业，通常都是以其职业理想为出发点的。任何人的职业理想必然要受到社会环境、社会现实的制约。社会发展的需要是职业理想的客观依据。

（2）正确进行自我分析和职业分析

首先，要通过科学认知的方法和手段，对自己的职业兴趣、气质、性格、能力等进行全面认识，清楚自己的优势与特长、劣势与不足，避免规划中的盲目性，使规划高度适宜；其次，现代职业具有自身的区域性、行业性、岗位性等特点，要对该职业所在的行业现状和发展前景有比较深入的了解，比如人才供给情况、平均工资状况、行业的非正式团体规范、职业所需要的特殊能力等。

（3）构建合理的知识结构

知识的积累是成才的基础和必要条件，但单纯的知识数量并不足以表明一个人真正的知识水平，人不仅要具有相当数量的知识，还必须形成合理的知识结构，没有合理的知识结构，就不能发挥其创造的功能。

（4）培养职业需要的实践能力

综合能力和知识面是用人单位选择人才的依据。一般来说，进入岗位的新人，应重点培养满足社会需要的决策能力、创造能力、社交能力、实际操作能力、组织管理能力，以及自我发展的终身学习能力、心理调适能力、随机应变能力等。

（5）参加有益的职业训练

职业训练包括职业技能的培训，对自我职业的适应性考核、职业意向的科学测定等。可以通过“三下乡”活动、大学生“青年志愿者”活动、毕业实习、校园创业，以及从事社会兼职、模拟性职业实践、职业意向测评等进行职业训练。

1.4.3 职业目标

1. 确立目标

目标是未来的现实，是行动的导航灯。学者戴维·坎贝尔曾经指出："设定明确的目标，是所有成就的出发点，目标之所以有用，仅仅是因为它能帮助我们从现在走向未来。"明确的目标是所有成就的出发点，是追求成功的驱动力。志向是事业成功的前提，如果没有志向，事业成功就无从谈起；如果没有目标，成功就摸不着方向。所以，首先我们要立下志向、明确目标，这是制订职业生涯规划的关键，也是职业生涯规划中最重要的一点。

如果没有一个写明目的地的飞行计划，飞机是不会起飞的。然而职业生涯规划需要明确到什么程度呢？该如何实现目标呢？古人云："不积跬步，无以至千里；不积小流，无以成江海。"凡事需循序渐进，将整体目标分解成多个小目标，各个击破，以取得整体目标的胜利。

职业目标分解是根据观念、知识、能力差距，将职业生涯长期目标分解为有时间规定的长期、中期、短期分目标，直至将目标分解为某个确定日期可以采取的具体步骤。它是一个将目标清晰化、具体化的过程，是将目标量化成可操作的实施方案的有效手段；能帮助我们在现实环境和美好愿望之间建立起可以拾级而上的途径。如果你不知道明年应该干什么，你 10 年以后的目标永远是一个美好愿望，变成不了现实。

需要明白的是，长期目标的实现不应该奢望一步登天，需要奋力攀登由一个个阶段目标构成的台阶。短期目标是具体性目标，是"稍加努力就能达到"的目标，使自己在努力攀登一个个台阶的过程中，首先品尝取胜的乐趣，得到"成功者"的心理体验，树立起"成功者"的信念。1984 年东京国际马拉松邀请赛中，名不见经传的日本选手山田本一出乎意料地获得了冠军。原来在每次比赛之前，他都要乘车把比赛的经过路线仔细看一遍，并把沿途比较醒目的标志画下来，例如第一个标志是银行、第二个标志是一棵大树、第三个标志是一座红房子……这样一直画到赛程的终点。比赛开始后，他就奋力地向第一个目标冲去。超过 40 公里的赛程，就被他分解成几个小目标轻松地跑完了。

下面举个例子，你便会从中悟出道理。假如你现在住着平房，想在院内盖个小厨房。当你确定了盖厨房这个目标后，就会注意收集砖块、瓦片等材料。走在街上你就会注意哪有砖块、哪有瓦片，用不了多长时间，你就会把原料备齐，小厨房就盖起来了。如果你没有盖厨房这个目标，走在街上就不会去注意那些不起眼的东西。人生也是如此，要想干一番事业，就要树立明确的目标。有了目标，才能有朝着目标努力的动力，才能有意识地收集相关信息，创造有利条件，使你的事业尽快获得成功。

事实证明，很多人都曾通过科学的职业生涯规划走上了致富之路。小裴是某农业大学经贸英语专业的大学毕业生，在毕业求职时，她研究了国家关于养猪业的政策，钻研养猪技术，又仔细估算了经济效益，她决定不进机关、不当白领，而是回家办个养猪场。女大学生回乡养猪的消息不胫而走，当地政府以最优惠的条件划出 40 亩地予以支持，金融部门破例贷款 100 万元作为启动资金。小裴的养猪场刷新了生猪育肥的新纪录，盈利几百万元。正因为小裴对自己的职业生涯进行了科学而合理的规划，所以她才能敏锐地抓住养猪业的广阔市场前景，凭借自己的智慧和才能，走上了科学致富的道路。

当代的大学生要想获得事业的成功，在奋斗过程中就必须有明确的目标，清晰的方向，并采取切实可行的行动。

2. 可行性分析

（1）社会环境分析和职业分析

对于每一位大学生而言，目前所要考虑的问题就是社会发展趋势对于将从事的职业有何需求和影响？社会环境对职业生涯乃至人生发展都有重大的影响，通过对社会大环境的分析，了解所在国家或地区的政治、经济、法制建设方面的发展方向，寻找各种发展机会。

除了对社会环境进行宏观的分析和考虑外，还要对我们将要从事的职业进行合理的分析。对职业是否有深刻的认识将关系到我们能否长期坚定职业方向，能否建立明确的职业目标。职业分析即弄清楚我们选定的职业在社会环境中的发展过程、社会地位，以及现实发展对职业的影响。在进行职业生涯规划时，要考虑职业区域的具体特点，如该地区的特殊政策、环境特征等。职业角色的发展与职业所在行业的发展有着密切关系。在进行职业生涯规划时，不能仅看单位的名气大小，而要对该职业所在的行业现状和发展前景有比较深入的了解，如人才供给情况、平均工资状况、行业规范等。有效的职业生涯规划，必须在充分、正确地认识自身条件与所处社会环境和变化趋势的基础上进行。

（2）自我分析

自我分析，要通过科学认知的方法和手段，对自己的职业兴趣、气质、性格、能力等进行全面认识，清楚自己的优势与特长、劣势与不足。自我分析要客观冷静，不能以点代面，既要看到自己的优点，又要看到自己的缺点。只有这样，才能避免规划中的盲目性，使规划高度适宜。自我分析包括了解自己的目前状况和发展潜能；进行自我分析就是为了了解自己、发现潜能。制订职业生涯规划时要找到对自己影响重大的人，认真听取他们的建议，真正了解自己，对自己的能力、潜力进行自省和测评，并明确自己的发展预期目标。测评的要素应包括以下因素：

年龄、兴趣、爱好、天赋、专长、知识水平、操作能力、身体条件、价值观念、情绪智力、家庭条件等。

一个人只有充分且正确地认识到自身条件及相关的环境情况时，才有可能做出正确的决定。对自我进行认识是自我觉醒的过程，要查明自己为人处世所遵循的价值观念，要体验自己内心深处的需求，明确自己为人的基本原则和追求的目标；同时，还要熟悉自己掌握的技能，了解优势和劣势。对自我的环境做出透彻的分析，所有这些都是合理规划自己职业生涯的前提条件。

自我了解越细致、越深刻、越全面，确立职业目标的基础就越牢靠，成功的可能性就越大。职业生涯的评估，主要是评估各种环境因素对自己职业生涯发展的影响，每一个人都处在一定的环境之中，离开了这个环境，便无法生存与成长。所以，在制订个人职业生涯规划时，要分析环境的特点、环境的发展变化情况、自己与环境的关系、自己在这个环境中的地位、环境对自己提出的要求，以及环境对自己有利的条件与不利的条件等。只有对这些环境因素充分了解，才能做到在复杂的环境中趋利避害，使你的职业生涯规划具有实际意义。

1.4.4 职业生涯规划的方法

要想获得职业的成功，首先要学会识别、发现自己天生的才干和优势。

在《飞向成功》这本书里有这样一则寓言故事：为了像人类一样聪明，森林里的动物们开办了一所学校。学生有小鸡、小鸭、小鸟、小兔、小山羊、小松鼠等，学校为它们开设了唱歌、跳舞、跑步、爬树和游泳 5 门课程。第 1 天上跑步课，小兔兴奋地在体育场跑了个来回，自豪地说："我最喜欢跑步了！"而看看其他动物，有噘嘴的，有沉脸的。放学后，小兔回到家对妈妈说，这个学校太棒了，我喜欢。第 2 天一大早，小兔蹦蹦跳跳地来到学校，老师宣布今天上游泳课。只见小鸭兴奋地一下子跳进了水里，而天生怕水、不会游泳的小兔傻了眼，其他小动物更没招了。接下来，第 3 天是唱歌课，第 4 天是爬树课……学校里每一天的课程，小动物们总有喜欢的和不喜欢的。这个故事告诉我们一个简单的哲理，那就是不能让猪去唱歌、兔子去游泳、小鸭去爬树，想让所有的动物充分发挥它们的才能，就应该让小兔去跑步、小鸭去游泳、小松鼠去爬树。

正确的职业选择，需要做到以下几点。

（1）性格与职业要相匹配

人们常说"性格决定命运"，这是有一定道理的。一个人如果能力不足，可以通过培训提高；但其性格如果与职业不匹配，要改变起来就很困难。所以，很多企业将性格测试放在首位，当性格与职业匹配时，才对其能力进行测试检查。

（2）兴趣与职业要相匹配

个人的兴趣是大学生职业选择的重要依据，它可以使人集中精力去获得自己所喜欢的职业知识，并充分发挥个体的才能，创造性地开展工作。

（3）能力与职业要相适应

从现代多元智能理论来看，每个个体的能力各有不同，每个人都有自己的特长，例如一些人的语言能力较强，善于表达自己的思想和观点；一些人的数理能力较强，能够快速运算，进行推理，解决应用问题。因此，在进行职业选择时，还应注意个人能力与职业类型相匹配。

（4）气质与职业要相对应

根据心理学的知识，气质是指一个人的典型心理特点，可分为 4 类，即多血质、胆汁质、黏液质、抑郁质。现实生活中大多数人都是好几种气质类型的混合，气质特征比较明显的只是在这几种气质中更倾向于其中某一种。在选择职业方面，不同气质特点的人适合从事不同的工作。气质对于一个人来说没有选择的余地，重要的是了解自己，自觉利用气质中的积极方面，努力克服消极的方面。

在职业生涯规划中，目标是极其重要的。每个人都需要拥有一个确定的目标，这是人生的驱动力。成功与否都依靠这一目标的实现，那么怎样确定大学生的职业生涯目标呢？根据主（客）观条件可以归纳如下。

1. 同一时段目标需集中

我们都听过猴子掰玉米的故事，我们的目标选择同样如此，同一时期设立太多目标，实现起来往往不利。

古人云：“自知者不怨人，知命者不怨天；怨人者穷，怨天者无志。”所以，只会抱怨贫穷的人，其实只是一些没有理想的人。因此，每一位大学生都应该明确，志向是事业成功的基本前提；没有志向，事业的成功也就无从谈起。俗话说：“志不立，天下无可成之事。”纵观古今各个行业的佼佼者都有一个共同的特点，那就是拥有远大的目标和志向。如果你不能确定你要到哪里去，那么通常你是哪里也去不了。是否立志，反映着一个人是否拥有远大的抱负、宽阔的胸怀和正确的价值观，同时它还影响着一个人的奋斗目标及成就。所以，在制订职业生涯规划时，首先要确立志向，这是制订职业生涯规划的关键。

2. 体现自我特色

选择职业是为了劳动，是为了给社会提供物质文化财富，在劳动中获得报酬。不同的职业需要不同性质的劳动能力，这就要根据自己的优势去选择自己的职业方向，尽量发挥自己的长处，不要以自己的不足比别人的长处。这样，在实现的过程中，才能如鱼得水，处于有利的地位。

通常，职业生涯方向的选择需要考虑以下几个问题。

1）我想往哪个方面发展？

2）我能往哪个方面发展？

3）我可以往哪个方面发展？

4）我的职业选择能帮助我实现人生的最终目标吗？

5）我是否有一种途径可以让现有的职业与人生的基本目标相一致？

3. 满足社会与组织的需要

在明确职业生涯目标的时候，要考虑内外环境的需要，目标要满足社会和组织的需要。有了广大的需求市场，你的目标实现才能更有空间。

4. 目标不能过高，也不能过低

目前，我国大学毕业生市场仍是供大于求，因此择业竞争还是比较激烈的。但是，有些大学生的就业观念没有转变，在择业的时候常常眼高手低，定的目标过高，天天沉醉于幻想中，最终一事无成；而有些同学自信心不够，自卑感较强，目标定得过低，失去了奋斗的意义。

5. 目标一定要明确具体

大学生对学习什么专业、学习什么知识、将达到什么程度、将取得哪些证书都要具体明确下来。职业选择后，你要考虑向哪一条路线发展。例如，是走销售路线，向销售与业务方向发展；还是走管理路线，向行政管理方向发展。发展路线不同，对人的各方面条件的要求也不同。

6. 目标要具有长期性

人生目标的实现，直接影响着事业的发展和生活质量。所以，职业生涯规划的目标，要从一生的发展高度来确定，分别定好一年计划、三年计划、五年计划、十年计划。计划定好之后，再认真进行实施。在确定了职业生涯目标之后，行动就成了最关键的环节。行动是落实目标的具体措施，主要包括工作训练、教育、轮岗等措施。

若要使职业生涯规划行之有效、事半功倍，必须不断地对职业生涯规划进行评估与总结，内容包括职业的重新选择、职业生涯路线的选择、人生目标的修正、实施措施与计划的变更等。现有的目标只是为你的前进指导一个方向，而你可以根据不同的时间、环境做出调整，让它更符合你的理想。

1.5 案例分享

李某在某综合性大学上大三，就读国际贸易专业。她的英语已经通过了专业八级，她的口语也不错，在一些国际性会议中担任过志愿翻译。她喜欢写作，很喜欢用英语表达一些内容，热衷于英语角和报社的活动，她曾经在中学时担任过英语广播的主持和学校通讯社记者。她喜欢旅游，因为可以到不同的地方，见识新鲜的人和事。她对人文、历史都很感兴趣，在学校也选修了不少这方面的课程。在大学，她先后加入了学校的报社、心理社团和红十字会，喜欢组织各种活动。不久前，她刚刚成功地为红十字会组织了一次造血干细胞的志愿捐献活动。她自认为是一个“外向型性格”的女孩，自己的优点是有创意、喜欢帮助人。周围的人都认为她热情、很有亲和力，善良而富有同情心。

李某虽然成绩不错，但对自己的职业方向比较困惑。因为学英语和国际贸易的人都很多，自己也见不得有什么专业上的优势。将来到底做翻译还是从事外贸，自己怎样才能在激烈的招聘竞争中胜出，这都是她考虑的问题。像周围所有的同学一样，她也在考虑自己到底是应该先工作还是创业，这些问题都在困扰着她。她觉得应该认真考虑自己适合做什么样的工作和未来的发展方向。于是，她选修了“大学生职业生涯规划”课程。

点评：首先，职业生涯规划在任何一个生涯阶段，都有不同的议题；其次，自我认识和分析，可以更清楚自己的优势和劣势，对决策很有帮助，案例中主人公已经对自己的兴趣、性格与能力都进行了一定的思考；最后，“我要什么”和“我该如何获得”，这是职业生涯规划很重要的两方面。

作为刚刚毕业的大学生，选择合适的职业发展方向尤为重要，人生精力有限，必须选准方向，强化发展。职业方向的确定必须结合个人特长、兴趣所在并综合考察行业前景来确定。在这一点上，大学生有疑问时，可以求助学校的就业指导老师或者专业的职业顾问。

应届大学毕业生找工作，从表面上看是就业的问题，而实际上是择业的问题，择业就是要做出选择，选择适合自己的职业发展方向，集中目标、强化发展，通过若干年的工作实现从无工作经历者到行业人才的提升。同理，应届毕业生选择出国深造，也要以职业发展为指标，选择合适的深造途径，在学历资质上提高自己的含金量，为“职场前途”做好准备。

1.6 拓展体验

1.6.1 大学新生备忘录

仔细阅读以下策略，完成拓展部分内容。

1）上每堂课。上课让你学到知识，与老师、同学互动，使你付出的学费价有所值。

2）成为积极的参与者。准时上课，坐在前排，积极参与、提问，全神贯注。

3）了解你的任课老师和指导老师。按他们喜欢的称谓称呼他们，在办公时间拜访他们或者给他们写邮件。每堂课早到，以便更好地了解他们。

4）知道课程要求。阅读每门课的教学大纲，知道每门课的要求，如测验方式、论文、学分和参加次数等。

5）加入学习小组。加入学习小组的效率要比单独学习的效率高，你可以与小组成员共同测验、总结，相互学习。

6）尽早寻求帮助。使用所有可用的校园资源。到学习中心、咨询中心、健康中心去与辅导员或导师沟通，一旦发现问题，努力寻求帮助。

7）尽最大努力学习。每学期的前三周尽可能多投入，尽量买好教材，带去课堂，提前阅读。尽早准备论文、发言等，学校中的事应优先考虑。

8）随时随地学习。在上课前复习笔记，等待上课时、排队时、上床睡觉前，随时进行复习——经常性地短时间地复习，比一次性学到半夜效果更好。

9）在精神状态最好的时候学习。了解自己的精力状态与学习倾向，尽可能在白天进行复习。

10）承担责任。不要为缺课、没交作业或得分太低找借口。诚实地面对自己，为自己的选择和错误承担责任，并从中学习。

11）寻求反馈。当获得一个学分成绩时，问一下自己：我从中学到了什么？我是如何学习的？我是如何提高成绩的？是否已经尽了最大努力？根据所学，为自己设定新的目标。

12）争取更好的成绩。在学期的期中时，对自己的成绩做出评价，想想如何才能得到更好的成绩，参加一些项目或重新考试。

13）争取额外的学分。通过超出要求或超出期望之外的学习，提高成绩，投入到课程学习中，理解并发现学习的意义。

14）为自己的教育负责。即使老师讲得枯燥乏味，你也可以在课堂上学得很好。问一下自己可以做什么，使这门课的学习变得更有效（参加学习小组、请教老师、积极参与)。增强自己对老师教学风格的适应。

15）培养所需的素质。想一下，哪些是克服障碍需要的素质，然后努力培养。

16）保持身体健康。如果生病，会影响在学校期间的成功。投入时间锻炼身体，保持健康的饮食、充足的睡眠；远离烟酒和毒品。

17）应对负面想法。通过积极的、现实的与有益的自我对话，替代消极想法，要想象成功，但不要成为完美主义者。若在朝目标迈进的过程中取得一小步，不要忘记犒劳自己。

18）生活有条不紊。将钥匙等始终放在同一个地方，整理重要的材料，将日常事务流程化，减轻自己的压力。

19）优先考虑学校事务。学会平衡学校、社交与其他活动。

20）保持与老师的联系。回顾目标及自己的进步，与班主任、辅导员保持良好关系，询问相关要求，不要未经核实就增减课程。

21）坚持。受到挫折时，要保持积极的习惯与策略，直到成功。成功来自每一小步的坚持，保持耐心，坚持不懈。

22）控制支出。不要因为新衣服、新手机、礼物、旅游，以及其他非必需的东西而负债。教育是保证未来幸福与工作成功的最好投资，要学会存钱。

23）学习批判性思维，考虑决定的后果。在钱、烟、酒等事情上要深思熟虑，在获得情感与经济保障之前，不要组建家庭；通过想象做出一些决定后自己会有什么反应，来控制自己的冲动。

24）要避免成瘾。成瘾会浪费大量时间，问一下自己：遇到过成瘾后生活变得更好的人吗？身边是否有人的生活因沉湎于电脑游戏而被毁掉？这将是长期影响你的生活的决定。

25）知道自己是谁，需要什么。去职业指导中心与咨询师交流你的兴趣、价值、目标、人格、学习风格、优势和职业选择意向。要尊重自己的风格，并创造条件取得成功。

26）创造性地解决问题。想象一下自己本学期的成功与失败，什么可以帮助你变得更成功？下学期你的新目标是什么？克服困难的创造性的想法是什么？要思考如何解决问题，而不是任由问题一直存在。

27）奉献。寻找可以让你贡献时间和才能的机会，在课堂外做些什么以服务于他人，并和学校形成互补。

28）尊重自己与他人。当其他人的观念、做法和你不同时，支持、容忍、尊重他们。了解不同文化与不同观点。尊重自己，拓展友谊，与积极、成功、喜欢学习、支持并尊重你目标的人交朋友。

29）感恩。想一想你生活中拥有的（健康、家庭、朋友和机遇)，你有如此多可以帮助你成功的资源。

30）实践。牛顿第一定律指出：物体一旦开始运动，在不受外力作用的情况下，会一直保持匀速直线运动。所以从现在开始，不断向目标前进。

体验 1：哪几条是你从来没有思考过的，并让你耳目一新。

体验 2：哪几条是你已经在做了，但可以做得更好。

体验 3：请你分分类，以上 30 条分别从大学的哪些方面进行了建议？请和 1～3 位同学一起讨论。

体验 4：给你最大启发的是哪几条？你准备如何做？请选择 3 条优先做起来，从今天开始，立刻、马上，请写下来。

1.6.2 说说各行各业的状元

我国著名的遗传学家谈家桢教授说得好：“现在社会上有一种片面的说法，认为只有科学家、艺术家、作家才算人才。事实上，在我看来，大饼做得好也是人才，木工做得好、绣花绣得好、烧菜烧得好等这些都是人才。行行出状元嘛！一个国家好比一架机器，有无数个齿轮在运转，有无数枚螺丝钉在起作用。其中转动灵活的齿轮和优质的螺丝钉就是人才。只要有志气，勤奋好学，人人都可以把自己培养成为国家所需要的人才。”这段话你是如何理解的？你身边有没有典型人才，请和同学们说说。

1.6.3 职业生涯过程连连看

下面是有趣的职业生涯过程连连看，试着连一下，并领会其中的意义。

职业生涯觉知和承诺	乘风破浪会有时
自我探索	众里寻他千百度
探索工作世界	梦里花落知多少
选择决策	知人者智，自知者明
规划制定	觉知此事要躬行
行动实施	灯火阑珊处，也有风雨也有晴
评估调整	两处茫茫皆不见

1.6.4 畅想20年——新闻发布会

活动目标：通过畅想20年后的自己，初步思考自己的职业生涯，了解职业生涯的内涵。

规则与流程：

1）以4～6人为一组，选择一个共同关心的话题，如20年后从事什么样的职业。谈谈20年后的自己，在什么样的环境下工作，工作的内容是什么，具备了什么样的技能和素质，小组成员共同搜集信息，保证畅想内容的合理性。

2）老师把各个小组的话题写在黑板上。

3）同一小组的同学不仅要搜集所畅想的内容信息，还要集思广益，设想记者团可能提出的问题，以便做好准备，接受记者团的提问。

4）每组针对其他各组的主题设想3～5个问题，并选出3个问题在其他组发言时进行提问。

5）每组选出1名学生作为新闻发言人，2名学生作为记者。新闻发言人根据本组的畅想情况进行发言，记者负责收集本组成员在其他组发言时要提的问题。

新闻发言人的职责：用5分钟来讲述“畅想20年”的内容，然后用5分钟的时间接受记者的采访，回答记者的提问。

记者的职责：根据新闻发言人的主题进行提问，可以提问收集的小组成员的问题，也可以根据新闻发言人所讲述的内容现场提出你认为重要的问题。

讨论：

① 你畅想的20年后的景象是什么？

② 你的理想与现实之间的主要差距有哪些？

③ 怎样才能实现你的理想？

总结：通过对自己理想的职业生涯状态的畅想，了解自己期待的职业生涯愿景，初步认知自己的职业生涯状态，树立职业生涯规划意识。

1.7 动脑小测

1．系统的职业生涯规划的第一步是（　　）。

A．自我探索

B．探索工作世界

C．决策

D．求职行动

E．觉知和承诺

2．大一新生，职业生涯规划可以（　　）（多选）。

A．了解自我

B．有计划地参加社会实践

C．努力学习专业知识和技能

D．积极探索专业

3．（　　）是职业生涯规划管理的重要手段。

A．善于请人督促

B．和老师搞好关系

C．定期自我检查规划落实的情况

D．每天饭后、睡前闭目反思

4．制订职业目标的要求有（　　）。

A．目标要定高一些

B．只要考虑眼前的目标

C．目标要具体

D．目标只要考虑自我需求

5．对于职业生涯规划的描述，错误的是（　　）。

A．职业生涯规划是感性与理性融合的过程

B．职业生涯规划是开放的、弹性的

C．职业生涯规划是一成不变的

D．职业生涯规划因人而异，差别化的

答案：E、ACD、C、C、C。

1.8 我的生涯时光

日期：

本周生涯主题（可以从学习、交友、社团、实践、自我管理等方面进行自我设定）。

1. ______________________________
2. ______________________________
3. ______________________________

本周生涯力量（如给我支持的人、最快乐的事情、最有成就感的事情等）。

1. ______________________________
2. ______________________________
3. ______________________________
4. ______________________________
5. ______________________________
6. ______________________________

本周生涯自评（请在相应分数上打钩，1代表最低，10代表最高）。

快乐度：1 2 3 4 5 6 7 8 9 10

充实度：1 2 3 4 5 6 7 8 9 10

幸福感：1 2 3 4 5 6 7 8 9 10

本周生涯评价（请记录最有感触的一句话）。

____

项目2

自我探索

2.1 项目目标

◇ 绘制自己的“生命线”，寻找那些对你今天有积极影响的事件及对未来可能有积极影响的事件。

◇ 探索自己的兴趣，理解兴趣金字塔及兴趣与职业的关系，掌握兴趣的正确“喂养”方式。

◇ 探索自己的能力，理解职业技能结构及获取的方式，掌握技能提升和技能管理的策略。

◇ 探索自己的价值观，理解价值观与生活、职业的关系，寻求个体存在的意义和价值，以期达成满意的职业生涯。

◇ 探索自己的性格，挖掘自己的先天禀赋，寻求有效的学习、工作方式，提升自我效能。

2.2 项目描述

通过自省分析并结合自我认知理论，以活动的形式或者采用心理测评等工具，分 5 个环节进行兴趣、能力、价值观和性格的探索。了解个人的职业兴趣代码、能力结构、价值取向及先天禀赋，帮助学生建立合理的自我认知。

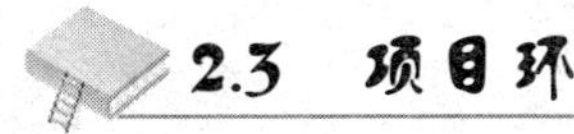

2.3 项目环节

“你是一个什么样的人？”“你喜欢什么？”“你擅长做些什么？”这些是你在许多社团或联谊活动中回答过无数次的问题。也许你的答案每次都会增加一些或减少一些，也许你的答案每次都不相同，也许你直到现在还不知道如何回答这些连自己也找不到答案的问题。但是，这些问题都和人生中最需要思索的课题“我是谁？”息息相关。自己是什么样的人？处在什么样的位置上？能够做什么？可以和环境或者他人建立什么样的关系？未来还可以扮演什么角色？这些问题也许从青春期开始就不断困扰着你，期盼有一天会有一位智者或天使来为你解惑，就像“武功秘籍”，偶然地捡到了，引领着你展开自我追寻的旅程……

我们都有自己独特的个性，身材高大、魁梧的你并不爱打篮球，喜欢舞文弄墨，擅长精密的计算机编程；娇小玲珑的你为人豪爽仗义，积极主动为朋友排忧解难。在不同的环境里你可能会有完全不同的个性表现，让人很难弄懂你到底是个什么样的人，很难知道在特定的环境中会如何行事。每个人的心底都隐藏着一个“秘密花园”，花园里散落着各种关于你的拼图，我们必须花一些时间去寻觅，才能将散落的自我拼图收集齐全，还原一个多元且完整的自己，包括你的兴趣、能力、性格、价值观、决策风格、生活风格等。

“自我了解”是职业生涯探索的起点，通过了解自我、探索自我，挖掘自己的天赋才干，才能发现自己的过人之处；分析自己的核心竞争力，确定自己最核心的能力；探索兴趣、价值观，找到自己内心热爱的事业。

（1）职业潜能测试

通过对测试者的演绎推理、数量分析、言语理解和创新等能力的测试，推断测试者的专业能力和发展潜能。

（2）职业兴趣测试

通过测试者在待人接物、处事观念、实际操作等方面的关注程度，判断测试者的职业兴趣。

（3）职业价值观测试

通过考查应试者在工作和生活中的行为及应试者的需求，寻找应试者在职业发展中的深层次信息。

（4）行为动机测试

通过测试者在支配财物、进取精神和人际关系方面的欲望，判断测试者的职业发展特征。

（5）人格特征测试

通过对测试者的理智、直觉和压力承受等方面进行测试，判断测试者的行为方式，为寻找适合测试者的工作环境提供信息。

（6）管理能力测试

通过对测试者的分析能力、决策能力、应变能力、计划能力、协调能力、创新能力、组织指挥能力和语言表达能力的测试等，判断测试者的管理潜能和管理能力。

总结：职业心理测试是大学生认识自我的方法之一，心理测试得出的结论不是百分之百的正确，这是相对的。到现在为止，还没有一种更有效、更实用的方法能够取代心理测试来测量人的心理特性。通过心理测试得出的结论是比较客观的。

2.3.1 环节一：绘制你的“生命线”

有些事曾经在你年轻的生命中发生过，有些人曾经在你青春的岁月中驻留过，他们都会对你造成或多或少的影响，让你逐渐演变成今天的你。

究竟发生了什么事让你成为现在的你？曾经有哪些人影响着你成为现在的你？

说说你的成长故事吧。无论是曲折离奇、高低起伏，还是一路昂扬或者低回转折，都蕴含着无限深意。

请在图 2-1 所示的坐标轴上方标出今天的位置，然后写出那些对你的今天有积极影响的事件（包括你自己的先天素质、他人的称赞、你的成功或骄傲、榜样对你的影响等），以及未来可能影响你的积极事件，纵坐标代表影响的程度；在坐标轴的下方写出那些对你的今天有消极影响的事件（包括你自己的先天素质、他人的批评、你的失败、榜样对你的影响等），纵坐标代表影响的程度。

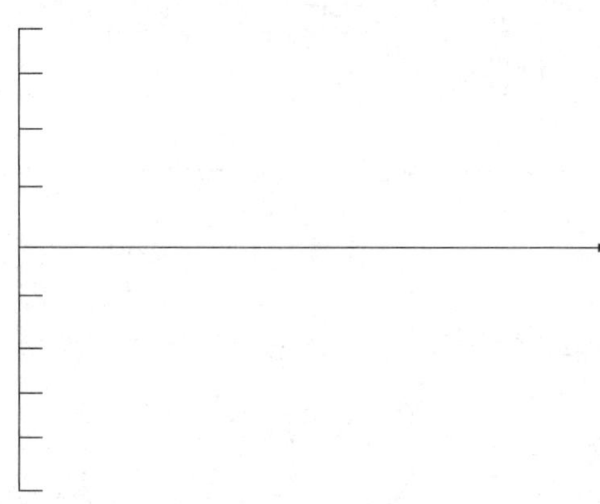

图 2-1 “生命线”

2.3.2 环节二：兴趣探索

（1）霍兰德职业代码

约翰·霍兰德是美国约翰·霍普金斯大学心理学教授，美国著名的职业指导专家。他于1959年提出了具有广泛社会影响的职业兴趣理论。他认为，人的人格类型、兴趣与职业密切相关，兴趣是人们活动的巨大动力，凡是具有职业兴趣的职业，都可以提高人们的积极性，促使人们积极地、愉快地从事该职业，且职业兴趣与人格之间存在很高的相关性。霍兰德认为，人格可分为现实型、研究型、艺术型、社会型、企业型和传统型六种类型（即霍兰德职业代码，图2-2）。

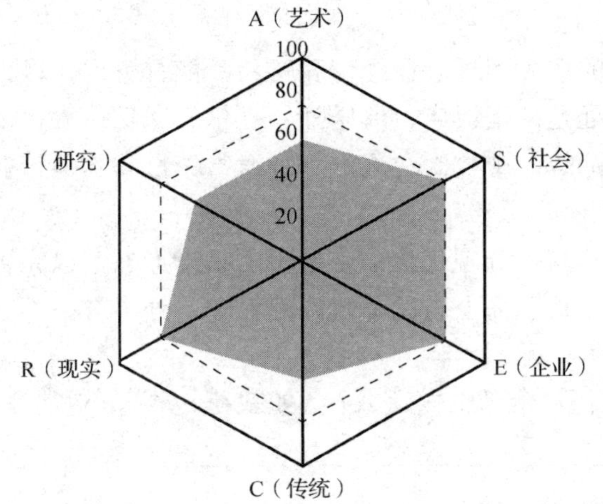

基本观点：
人们寻找这样的环境：可以让其施展才能、表达其态度和价值观、解决其愿意解决的问题、担当适当的角色。人的行为表现是由人格类型和其所处的环境相互作用决定的。

图2-2 霍兰德认为的人格分类（即霍兰德职业代码）

霍兰德的职业兴趣理论，实质在于劳动者与职业的相互适应。霍兰德认为，同一类型的劳动与职业互相结合，便是达到适应状态，结果是劳动者找到适宜的职业岗位，其才能与积极性会得以很好发挥。霍兰德将人格分为六大类，职业环境也分为六大类，人格与职业环境的匹配是形成职业满意度、成就感的基础。

（2）霍兰德兴趣岛

看完下述资料后回答问题。

你获得了一次免费度假游的机会，有机会去下列6个岛屿中的一个。请不要考虑其他因素，仅凭自己的兴趣挑出你最想前往的岛屿。

岛 R——自然原始岛。岛上保留有原始森林，自然生态保持得很好，有各种各样的野生动物。岛上居民生活状态还相当原始，他们以手工见长，自己种植花果蔬菜、修缮房屋、打造器物、制作工具，喜欢户外运动。

岛 I——深思冥想岛。岛上人较少，建筑物多僻处一隅，平畴绿野，适合夜观星象。岛上有多处天文馆、科技博览馆及科学图书馆等。岛上居民喜好观察、学习、探索、分析，崇尚和追求真知，常有机会和来自各地的哲学家、科学家、心理学家等交换心得。

岛 A——美丽浪漫岛。岛上充满了美术馆、音乐厅，弥漫着浓厚的艺术文化气息。同时，当地的原住民还保留了传统的舞蹈、音乐与绘画，许多文艺界的朋友都喜欢来这里找寻灵感。

岛 S——温暖友善岛。岛上居民个性温和、十分友善、乐于助人，社区均自成一个密切互动的服务网络，人们重视互助合作，重视教育，关怀他人，充满人文气息。

岛 E——显赫富庶岛。岛上的居民善于企业经营和贸易，能言善道，以口才见长。岛上的经济高度发达，处处是高级饭店、俱乐部、高尔夫球场。来往者多是企业家、经理人、政治家、律师等，曾数次在这里召开财富论坛和其他行业巅峰会议。

岛 C——现代井然岛。岛上建筑十分现代化，是进步的都市形态，以完善的户政管理、地政管理、金融管理见长。岛上居民个性冷静保守，处事有条不紊，善于组织规划，细心高效。

1）你最喜欢哪个岛？你喜欢在这个岛上做什么？（如栽花、养草、观赏星星）

____

____

2）如果你先前最喜欢的岛不行，你还可以去哪一个岛？

____

____

3）你最不想去的岛是哪个？

____

____

4）你的登岛宣言是什么？

____

____

5）在其他岛中，你最喜欢和哪一个岛上的人做朋友？最不喜欢哪一个岛，为什么？

____

____

6）你的霍兰德职业代码是什么？

____

____

7）根据霍兰德职业代码找到几个匹配度较高的职业（4～6个）。

____

____

霍兰德职业兴趣类型见表2-1，职业世界地图如图2-3所示。

表2-1 霍兰德职业兴趣类型

类型	特点	职业
现实型（R）	① 愿意使用工具从事操作性工作 ② 动手能力强，做事手脚灵活，动作协调 ③ 不善言辞，不善交际	主要是指各种工程技术工作、农业工作，通常需要一定体力，需要运用工具或操作机器 具体职业：工程师、技术员；机械操作/维修/安装工人，矿工、木工、电工、鞋匠等；汽车驾驶员、测绘员、描图员；农民、牧民、渔民等
研究型（I）	① 抽象思维能力强，求知欲强，肯动脑，善思考，不愿动手 ② 喜欢独立的和富有创造性的工作 ③ 知识渊博，有学识才能，不善于领导他人	主要是指科学研究和科学实验工作 具体职业：自然科学和社会科学方面的研究人员、专家；化学、冶金、电子、无线电、电视、飞机等方面的工程师或技术人员；飞机驾驶员、计算机操作员等
艺术型（A）	① 喜欢以各种艺术形式的创作来表现自己的才能，实现自身的价值 ② 具有特殊艺术才能和个性 ③ 乐于创造新颖的、与众不同的艺术成果，渴望表现自己的个性	主要是指各类艺术创作工作 具体职业：音乐/舞蹈/戏剧等方面的演员、编导、教师；文学、艺术方面的评论员；广播或电视节目的主持人、编辑、作者；画家、书法家、摄影家；艺术、家具、珠宝、房屋装饰等行业的设计师等
社会型（S）	① 喜欢从事为他人服务和教育他人的工作 ② 喜欢参与解决人们共同关心的社会问题，渴望发挥自己的社会作用 ③ 比较看重社会义务和社会道德	主要是指各种直接为他人服务的工作，如医疗服务、教育服务、生活服务等 具体职业：教师、保育员、行政人员；医护人员；衣/食/住/行服务行业的经理、管理人员和服务人员；福利人员等

续表

类型	特点	职业
企业型（E）	① 精力充沛、自信、善交际，具有领导才能 ② 喜欢竞争，敢冒风险 ③ 喜爱权力、地位和物质财富	主要是指那些组织与影响他人共同完成组织目标的工作 具体职业：企业家，职业经理人，政府官员，商人，行业部门和单位的领导者、管理者等
传统型（C）	① 喜欢按计划办事，习惯接受他人指挥和领导，自己不谋求领导职务 ② 不喜欢冒险和竞争 ③ 工作踏实、忠诚可靠、遵守纪律	主要是指与文件档案、图书资料、统计报表等相关的各类科室工作 具体职业：会计、出纳、统计人员；打字员、办公室人员、秘书和文书；图书管理员；旅游、外贸职员；保管员、邮递员、审计人员、人事职员等

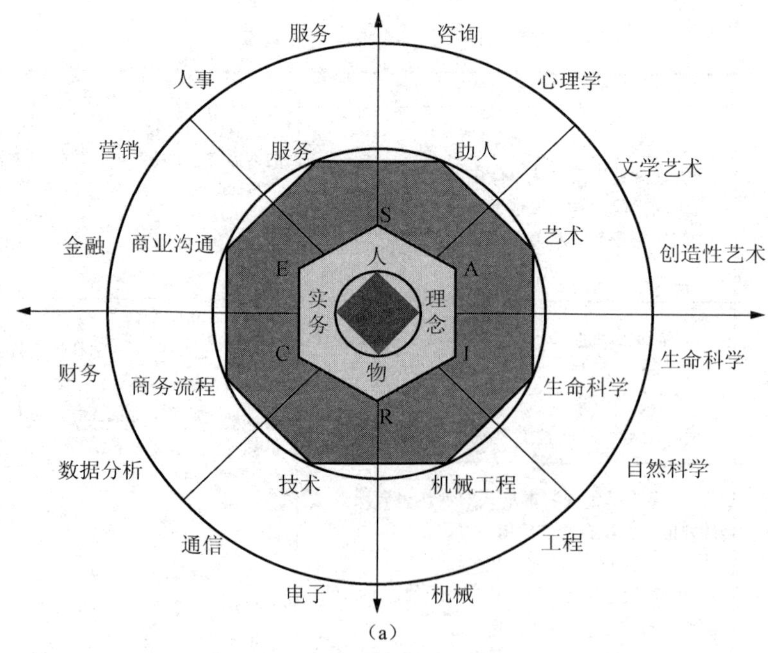

（a）

图 2-3 职业世界地图

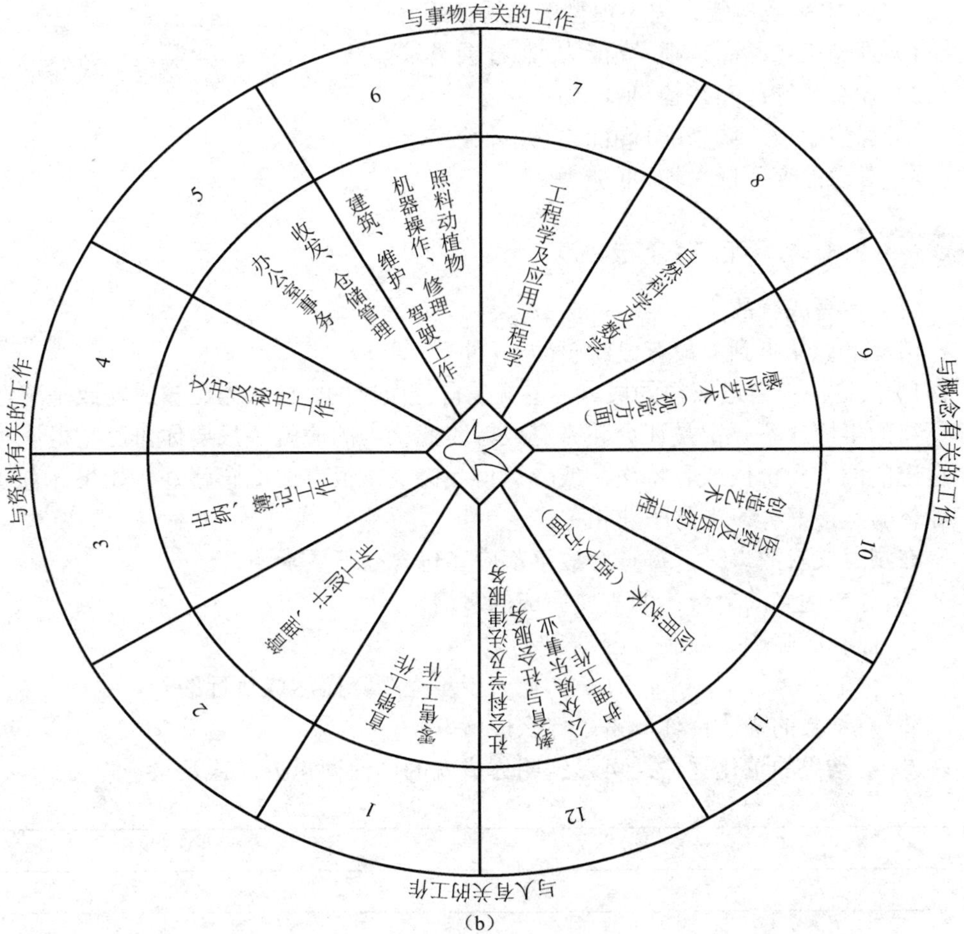

与事物有关的工作

与概念有关的工作

与人有关的工作

与资料有关的工作

1 直销工作 零售工作

2 管理、计划工作

3 出纳、簿记工作

4 文书及秘书工作

5 收发、办公室事务 仓储管理

6 建筑、维护、驾驶工作 机器操作、修理 照料动植物

7 工程学及应用工程学

8 自然科学及数学

9 感应艺术（视觉方面）

10 创造艺术 医药及医药工程

11 应用艺术（语文方面）

12 社会科学及法律服务 教育与社会服务 公众娱乐事业 护理工作

（b）

图 2-3 （续）

（3）兴趣与能力关系模型

兴趣与能力关系模型如图 2-4 所示。

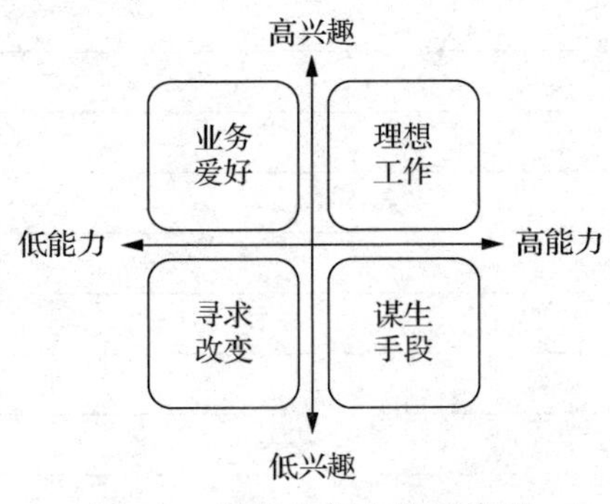

图 2-4 兴趣与能力关系模型

图 2-4 中兴趣与能力关系模型的理解如下。

1）理想工作：高兴趣+高能力+高社会需求。

2）业余爱好：高兴趣+低能力。

3）谋生手段：低兴趣+高能力+高社会需求。

4）寻求改变：低兴趣+低能力。

2.3.3 环节三：能力探索

（1）撰写成就故事

请写下你从小到大最有成就感的 10 件事。

1）回忆一下自己取得的成就，也就是自己做过的、自认为比较成功或是感觉很不错的事情。不一定是社会、家庭或者职业认为的成就，只要你自己觉得证明了自己的能力、价值或者特质，或者有自我突破，很有成就感就好。如果你有过职业体验，最好有一半与职业相关。

在撰写成就故事时，每一个故事都应当包含以下要素。

① 你想达到的目标：即需要完成的事情。

② 面临的障碍、限制、困难。

③ 你的具体行动环节：你是如何一步步克服障碍达成目标的？

④ 对结果的描述：你取得了什么成就？

⑤ 对结果的量化评估：可以证明你成就的任何衡量方法或数量。

2）挑出 3 件最能代表你的事件，完成这个事件的分析，并在组内分享。

____

____

____

____

____

____

（2）寻找核心竞争力

如图 2-5 所示，回答以下问题：

第一个问题，对于你喜欢做的，无论在生活中、工作中、业余爱好……你喜欢做的事情都有哪些？（不在于能否做好，只要能从中获得乐趣，尽量写）

第二个问题，和周围的人相比，你擅长做的事情都有哪些？无论你是否喜欢，只要你去做，就比大多数人做得好的事情，都有哪些？（与好恶没有关系，与兴趣无关，例如不喜欢做饭，但可做得特别好）

第三个问题，你可以用来谋生的技能都有哪些？（有社会价值的，你可以用来养活自己的谋生技能）

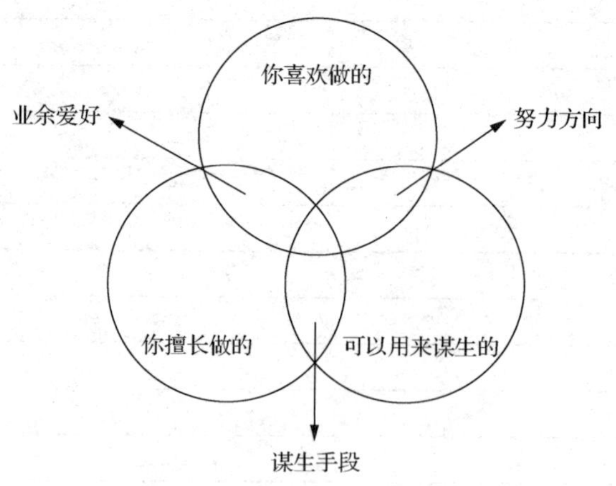

图 2-5　寻找核心竞争力

对于上面第一个问题，你喜欢的、你擅长的，但是暂时不能用来谋生的，它只能作为业余爱好——平衡生活与工作，带来娱乐和放松。比如，喜欢做饭，又做得挺好吃，但开不了饭馆，你没有精力、愿望，只能在朋友圈中“晒”。经常做饭的人一般是不“晒”的。

对于上面第二个问题，你擅长，但是不喜欢，只是把它当作谋生手段的，可能是无奈，可能是过渡，可能是现实。比如你擅长做蒸蛋，也可以用来谋生，但是你每天做，会“发疯”的，这只是你万不得已的谋生手段。

对于上面第三个问题，你喜欢做，也是社会需要的，但你不擅长，这是你的努力方向。比如你喜欢做麻辣串，但是做出来后，不好吃。这是你努力的方向，是最有潜力的部分，你可以通过不断的学习、练习、升级、探索、思考和创新，把不擅长变得擅长（这也可能与天赋有关系）。

上述 3 个问题交会的地方，就是核心竞争力（图 2-5），即

兴趣+能力+社会需要=理想工作

如果一项技能你既喜欢又擅长，还可以用来谋生，这就是你的核心竞争力：因为喜欢，你会持续投入，不断地创新；因为擅长，你会有成就感、优越感；因为可以谋生，你机会更多，可以被强化得更好。

在理解了上述内容之后，下一步是基础知识要懂的比别人多；在懂的范围内，要做得比别人多，还要做得比别人好，才有竞争力。

2.3.4 环节四：性格探索

（1）MBTI 职业性格测试（性格类型测试）

本测试中的所有问题都取自于人们的日常生活，你的回答只是表明你通常是如何看待和处理事物的。所有问题都无所谓对错，更无好坏之分。请仔细阅读测试题，并选出一个答案，把你选择的序号写在括号里。你在答题时不必对每道题多加考虑，只要按你的感觉判断进行作答即可。**请注意**：每道题都要作答，尽管有些题目不适合你。如果发现你没有诚实回答，则整个测试无效。

1）我倾向从何处得到力量（　　）。

E. 别人

I. 我自己

2）当我参加一个社交聚会时，（　　）。

E. 在夜色很深时，一旦我开始投入，也许就是最晚离开的那一个

I. 在夜晚开始的时候，我就疲倦了并且想回家

3）下列听起来比较吸引人的是（　　）。

E. 与我的恋人到有很多人且社交活动频繁的地方

I. 待在家中与我的恋人做一些特别的事情，如说观赏一部有趣的电影并享用我最喜爱的食物

4）在约会中，我通常（　　）。

E. 十分健谈的

I. 较安静

5）过去，我倾向以以下方式认识我的恋人（　　）。

E. 在宴会中、夜总会、工作时、休闲活动中、会议时，或当朋友介绍我给他们的朋友时

I. 通过私人的方式，如个人广告、录像约会，或是由亲密的朋友和家人介绍

6）我倾向拥有（　　）。

E. 很多认识的人和很亲密的朋友

I. 一些很亲密的朋友和一些认识的人

7）过去，我爱的人和恋人倾向对我说（　　）。

E. 你难道不可以安静一点吗

I. 可以请你从你的世界中出来一下吗

8）我倾向通过以下方式收集信息（　　）。

N. 我对有可能发生之事的想象和期望

S. 我对目前状况的实际认知

9）我倾向相信（　　）。

N. 我的直觉

S. 我直接的观察和现成的经验

10）当我置身于一段关系中时，我倾向相信（　　）。

N. 永远有进步的空间

S. 若它没有被破坏，就保持原样

11）当我对一个约会觉得放心时，我倾向谈论（　　）。

N. 未来、关于改进或发明事物和生活的种种可能性。例如，我也许会谈论一个新的科学发明，或一个更好的方法来表达我的感受

S. 实际的、具体的，关于“此时此地”的事物。例如，我也许会谈论品酒的好方法，或我即将要参加的新奇旅程

12）我是这种人（　　）。

N. 喜欢先看整个大局面

S. 喜欢先把握细节

13）我是这种类型的人（　　）。

N. 与其活在现实中，我选择活在我的想象里

S. 与其活在我的想象里，我选择活在现实中

14）我通常（　　）。

N. 偏向于去想象一大堆关于即将来临的约会的事情

S. 偏向于拘谨地想象即将来临的约会，只期待让它自然地发生

15）我倾向如此做出决定（　　）。

F. 首先依我的心意，然后依我的逻辑

T. 首先依我的逻辑，然后依我的心意

16）（　　），我能够察觉到。

F. 当人们需要情感上的支持时

T. 当人们不合逻辑时

17）当和某人分手时（　　）。

F. 我的情绪会深陷其中，很难抽身而出

T. 虽然我觉得受伤，但一旦下定决心，我会直截了当地将过去恋人的影子甩开

18）当与一个人交往时，我倾向评量（　　）。

F. 情感上的兼容性：表达爱意和对另一半的需求很敏感

T. 理智上的兼容性：沟通重要的想法、客观地讨论和辩论事情

19）当我不同意我恋人的想法时（　　）。

F. 我尽可能地避免伤害对方的感受，若是会对对方造成伤害的话，我就不会说

T. 我通常毫无保留地说话，并且对我的恋人直言直语，因为对的就是对的

20）认识我的人倾向形容我为（　　）。

F. 热情和敏感

T. 逻辑和明确

21）我把大部分和别人的相遇视为（　　）。

F. 友善及重要的

T. 另有目的

22）若我有时间和金钱，我的朋友邀请我到国外度假，并且在一天前才通知，我会（　　）。

J. 必须先检查我的时间表

P. 立即收拾行李

23）在第一次约会中，（　　）。

J. 若我所约的人迟到了，我会很不高兴

P. 我一点都不在乎别人迟到，因为我自己常常迟到

24）我偏好（　　）。

J. 事先知道约会的行程：要去哪里、有谁参加、我会在那里待多久、该如何打扮

P. 让约会自然地发生，先前不做太多的计划

25）我选择的生活（　　）。

J. 按日程表进行

P. 行程较随意

26）较为常见的是（　　）。

J. 我准时出席而其他人迟到

P. 其他人都准时出席而我迟到

27）我喜欢（　　）的人。

J. 下定决心说干就干的人

P. 做事保守

28）我是这种类型的人（　　）。

J. 喜欢在一个时间里专心于一件事情直到完成

P. 享受同时进行好几件事情

针对以上 28 个问题，把答案加总并且把每项选择的数目放入以下适合的横线上，然后把每一组得分较高的数目圈起来。

测试者的性格典型：

______	______	______	______
I	S	T	P
______	______	______	______
E	N	F	J

每一对中那些得分较高的字母代表测试者 4 种最强的偏好，当它们合并起来时，将决定测试者的性格典型。例如，记者型（ENFP）、公务员型（ISTJ），或是 16 种性格类型中的任何一类（16 种性格类型见 2.4 节），这完全看那 4 个字母的组合。完成上述内容后，回答以下问题：

1）你的测试结果显示，你是什么类型的人？

____

____

2）你从中对自己有何发现？

____

____

3）你对相匹配的职业有何看法？

____

____

（2）某机构做出的中国人性格与职业统计

1）税务人员：100%具有S倾向。

2）律师：>50%是ISTJ、ESTJ、INTJ、ENTP。

3）程序员：S偏好的工作优于N偏向。

4）护理人员：>60%是ENFP、ESFP。

5）飞行员：>88%是STJ。

6）教育实践：SFP。

7）高校研究倾向的教师：NT。

8）领导干部：ESFJ最多，其次是ESTJ。

9）企业管理者：ESTJ、ISTJ比较典型。

10）人力资源管理者：ESFJ最高，其次是ESTJ、ESFP。

11）图书馆馆员：ISFJ和ISTJ居多。

12）辅导员：ISFJ最高，其次是ESTJ和ESFP。

13）吸毒群体：ESFP比较典型。

14）中国大众：ISFJ最高，ENFJ最少。

2.3.5 环节五：价值观探索

（1）生涯价值观探索

常见价值观见表2-2。

表2-2 常见价值观

诚信	责任心	善良
公平	美丽帅气	充满信心
真诚	勇气	有成就
具冒险精神	同情心	真实可靠
平衡	承诺	果决
团队精神	自信	友善的
挑战	无私奉献	能力强的
竞争	做第一	有效率
贡献	表现出众	授权
创意	尽善尽美	刺激
自由	家庭为先	弹性
友谊	坦率	宽恕
幽默	感恩的心	慷慨
独立	不断成长	和谐
启发人心	全心投入	健康
学习	喜悦	诚实
金钱	求知	荣耀

续表

有条理	崇尚自然	谦恭
享乐	恒心与毅力	具影响力
威信	不屈不挠	领导力
名望	受认可	忠诚
品质	深思熟虑	激情
受尊重	灵性	安全感
财富	稳定	团结的
智慧	地位	坚毅
追寻真理	耐性	廉洁
孝顺	生活多姿多彩	弘扬善念
义气	亲情	博爱
爱情	赤子之心	睿智
活力充沛	创造	风趣
热忱	改善这个世界	自我挑战

你可以创造自己更喜欢的价值观词语，写下来。

选出你觉得最重要的 8 个，并排序。

人生总是不能那么完美，面对选择我们不得不放弃一些选项，请在上面的 8 个词中划去 3 个。
即使是剩下了 5 个，我们的精力仍不能完成这 5 个词所描述的人生，请再划去 2 个。
最后剩下的 3 个是你无论如何都要实现的核心价值观，它们之间的关系是什么？如果把它们整合成一句话，这句话是怎样的？

（2）职业价值观探索

日本学者田崎仁，把职业价值观分为以下 9 种类型（图 2-6）。

自由型：我只要把你的项目完成了，怎么完成的请不要管我（很多人这样对领导说）。

经济型：经济达不到，其他的给我再好也无用。

支配型：或者说是权力。

小康型：比上不足，比下有余，可以理解为稳定。

自我实现型：一定要做我喜欢的、我擅长的、我认为有价值的事情。

志愿型：服务或奉献。

技术型：通过技能使用并获得成长。

合作型：与他人合作。

享受型：工作本来就是享受。

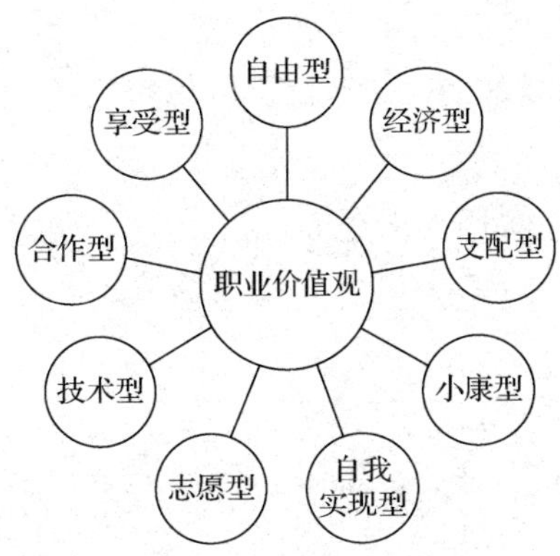

图 2-6 田崎仁职业价值观

下列题目中有 A、B 两种观点和态度，试加以比较，选择同自己平时考虑接近的选项，两者都不符合的打“×”。

1）（　　）。

A．做事果断，认为即使有所损失，以后可以再挣回来

B．做事三思而后行，没有切实可靠的盈利把握就不着手做

2）（　　）。

A．经济力量在发挥作用，从而使国家繁荣

B．军事力量在发挥作用，从而使国家繁荣

3）（　　）。

A．想当政治家

B．想当法官

4）（　　）。

A．对一个人的了解，始于他（她）的穿着打扮或居住条件

B．认识一个人不能仅从外表进行判断

5）（　　）。

A．为大刀阔斧地工作，必须养精蓄锐

B．必要时愿意随时献血

6）（　　）。

A．想领养孤儿抚养

B．不愿让任何其他人留在自己家中

7）（　　）。

A．买汽车时，会选择买全家能乘的大型汽车

B．买汽车时，比较注重汽车的外形和颜色

8）（　　）。

A．留意他人和自己的服装

B．对于自己和他人的事，全都不放在心上

9）（　　）。

A．结婚前首先确保自己有房子

B．认为眼前的事最重要，不考虑以后的事

10）（　　）。

A．与他人相处能够照顾到各个方面，被认为是个考虑周到的人

B．认为自己是有判断力的人

11）（　　）。

A．不随波逐流，认为自己的生活方式同他人不一样也无所谓

B．愿意与人攀比，认为其他人家里有的东西自己也应凑齐

12）（　　）。

A．为能被授予勋章而努力

B．心地善良，暗地帮忙不幸的人。

13）（　　）。

A．时常自以为是，认为自己的想法比别人的都正确

B．比较客观，认为必须尊重他人的价值观

14）（　　）。

A．希望自己的婚礼能上电视，而且有人赞助

B．希望把自己的婚礼搞得比别人更有气派

15）（　　）。

A．被周围的人认为有眼光，能推断将来的事

B．被认为是处事果断的人

16）（　　）。

A．有事业心，店面虽小，也想自己经营

B．不干被别人轻视的工作

17）（　　）。

A．很关心佣金、利息

B．在陌生的环境里，对自己的能力和适应性十分关心

18）(　　)。

A．认为人的一生中只有获胜才有意义

B．认为人应该互相帮忙

19）(　　)。

A．在社会地位和收入两者中，认为前者更有吸引力

B．认为安定和社会地位相比更实惠

20）(　　)。

A．对社会惯例并不重视

B．善于表达且有幽默感，经常被邀请主持婚礼

21）(　　)。

A．乐于同独身生活的老人交谈

B．不愿为别人做事，嫌麻烦

22）(　　)。

A．生活中的每一天都过得十分充实

B．时常得过且过，只要还有生活费就不想干活

23）(　　)。

A．认为学习在人的一生中很重要，有空闲就想学习充电

B．时常考虑如何掌握被他人喜欢的方法

24）(　　)。

A．总想一鸣惊人

B．对生活没有过高的要求，平平淡淡才是真

25）(　　)。

A．认为用金钱就能买到别人的好意

B．在人的一生中，爱比金钱更重要

26）(　　)。

A．对未来有一种恐惧感，一考虑到未来就紧张不安

B．认为未来无论能否成功都不重要

27）(　　)。

A．总是认为自己还有机会，伺机重新大干一番

B．关心发展中国家的人民的生活情况

28）（　　）。

A．认为应该利用亲戚们的关系网

B．亲戚之间应该友好相处，并且互相帮忙

29）（　　）。

A．我的性格属于狮子型

B．我的性格属于熊猫型

30）（　　）。

A．生活有规律，严格遵守作息时间

B．愿意轻松地生活，讨厌忙忙碌碌

31）（　　）。

A．闲暇时想读成功者的传记，以便从中得到启示

B．闲暇时就看电视或者睡觉

32）（　　）。

A．认为干不赚钱的事是没有意思的

B．时常请客或送礼给对自己有用的人

33）（　　）。

A．对于能够决出胜负的事情感兴趣

B．擅长改变家居布局和修理东西

34）（　　）。

A．对自己的行为十分有自信心

B．认为协作十分重要，所以注意与对方合作

35）（　　）。

A．常向别人借东西，却不愿意借东西给别人

B．时常忘记借进或借出的东西

36）（　　）。

A．认为人生由命运决定是错误的

B．玩世不恭，认为被命运摆布也很有趣

完成上述36道题目后，参见以下计算方法：

自由型：1A、15A、16A、26A、27A、33A、34A。

经济型：1B、2A、14A、17A、25A、28A、32A、35A。

支配型：2B、3A、13A、15B、18A、24A、29A、31A、36A。

小康型：3B、4A、12A、14B、16B、19A、23A、30A。

自我实现型：4B、5A、11A、13B、17B、20A、22A、26B。

志愿型：5B、6A、10A、12B、18B、21A、25B、27B。

技术型：6B、7A、9A、11B、19B、24B、28B、33B。

合作型：7B、8A、10B、20B、23B、29B、32B、34B。

享受型：8B、9B、21B、22B、30B、31B、35B、36B。

2.4 知识点拨

现在的大学生正处于生理状态和社会环境均迅速变化的双重压力下，各种来自父母、学校、团体、异性或社会的压力接踵而来，常产生矛盾冲突，使得这一时期的大学生很难找到一个稳定的自我认定感，导致自我认定的困惑与混淆，容易迷失人生的方向。为了建立明确的“自我认定”，这一时期的大学生必须不断地探索两个重要的问题:“我是谁？”及“我在哪里？”，即“我是一个什么样的人？”“我处在什么样的环境中？”，以及“我能在这里做些什么？”或是“像我这样的人如何在这个环境中发挥自己的能力？”。

“我是谁？”的问题，涉及生理我、心理我、情绪我、社会我等各个层面，具体包括了兴趣、能力、价值观、人格特质等重要内涵。“我在哪里？”的问题，则涉及个人所处的社会环境、文化群体、工作世界等。因此，大学生进行职业生涯探索的起点，即是“自我探索”和“环境探索”，以达成一个理想的生涯选择。

本书的主旨在于引领大学生为自己探寻“我是谁？”“我在哪里？”“我往何处去？”“我如何到达？”等问题的答案。这些答案可能在不同时期会变化出不同的内容，无须符合既定的标准，也没有绝对的真理。因此，职业生涯发展既是一个不断自我实现的历程，也是一个不断自我追寻的旅程。

职业生涯规划历程中的自我探索，就是通过一些问题和活动，引领你更加了解自己的兴趣、能力、价值观和性格等。

2.4.1 兴趣

1. 兴趣的定义

兴趣是指以特定的事物或活动为对象，所产生的积极的、带有倾向性的和选择性的态度与情绪。兴趣的特征：兴趣是人们内心动力和快乐的来源。兴趣常常表现为一种自觉自愿、乐此不疲的精神状态。简单地说，兴趣是指无论能力高低、无论外界评价如何，依然乐此不疲的事情。

2. 兴趣金字塔

部分学者将兴趣分为三个层级：感官兴趣、自觉兴趣（乐趣）与潜在兴趣（志趣）。

（1）感官兴趣

感官兴趣是通过直观的感官刺激产生的兴趣，这是我们最原始的兴趣。

（2）自觉兴趣（乐趣）

在情绪的参与下，把兴趣从感官推向了思维，也由此产生了更加持久的兴趣——自觉兴趣。自觉兴趣比感官兴趣更高级，表现在以下两方面。

1）有思维的加入，这让我们的兴趣可以更加持久并定向在一个领域，从而在大脑里形成回路，产生能力；能力又反过来让我们能体会和学习更多。“能力—兴趣”的循环，让我们逐渐精通某项能力，打开世界。

2）它能使我们不再依赖外界刺激，可以自己把控。它是一个从外求转为内寻的过程，可以自得其乐。

（3）潜在兴趣（志趣）

志趣的秘密不仅在于有感官和认知能力，还加入了更深一层的内在发动机——志向和价值观。志趣是符合你志向与价值观的结合。

志趣已不仅仅是兴趣，是我们把感官兴趣通过学习变成了能力，通过能力寻找平台获得了价值，而在众多价值中找到自己最有力量的一种职业生涯管理技术。

2.4.2 能力

当你理清了自己的职业生涯兴趣类型之后，也许你会想要更进一步了解自己的能力、性格等是否也符合你的兴趣类型。

1. 能力的定义

能力是指个体将所学的知识、技能和态度在特定的职业活动或情境中进行类化迁移与整合所形成的能完成一定职业项目的才能。

2. 能力结构——能力三核

辛迪·梵和理查德·鲍尔斯把职业技能分为专业知识技能、可迁移技能和自我管理技能。

部分学者把能力分为知识、技能和才干（即能力三核，图 2-7），这样更加通俗易懂，本书沿用这一分类方法。

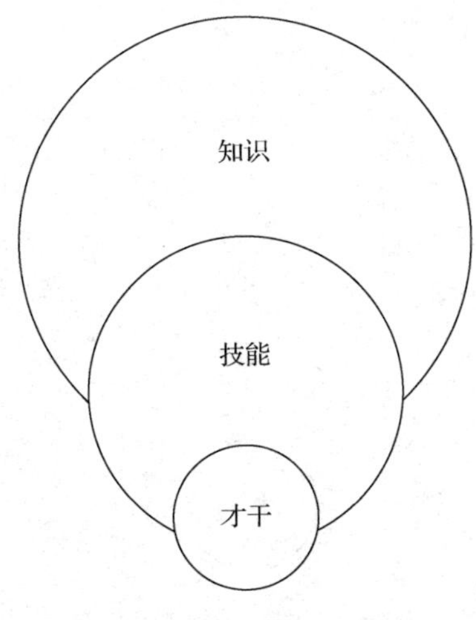

图 2-7　能力三核

（1）知识

知识是人类历史经验的总结。

1）专业知识：就是你所掌握的理论知识和基本概念。

2）特征：无法迁移，需要重新学习。

3）获取方式：理解、背诵、记忆。

4）知识的重要性常常被夸大。

（2）技能

个体所能胜任的活动，具体表现为一个人所能从事的工作内容——能操作与完成的事情。

1）特征：可以从生活、工作的其他方面迁移，具有通用性。

2）获取方式：通过观察、实践、思考、熟练等过程掌握。

3）与知识结合变成职业能力，是用人单位最看重的部分。

（3）才干

一个人在工作中所表现出来的特征和品质。

1）特征：非常稳定，在生活的所有领域常是无意识地使用。

2）获取方式：通常是通过认同、模仿、内化等途径获得。

3）影响职业成功与否的关键，需要与知识、技能组合。

大多数从业者表现的、被社会认同和接纳的才干——有时被我们称为“职业素养”，这是影响职业生涯成功与否的关键。综合来说，职业素养包括以下方面：敬业、负责、协作、忠诚、执行、诚信、业绩、情绪（图 2-8）。

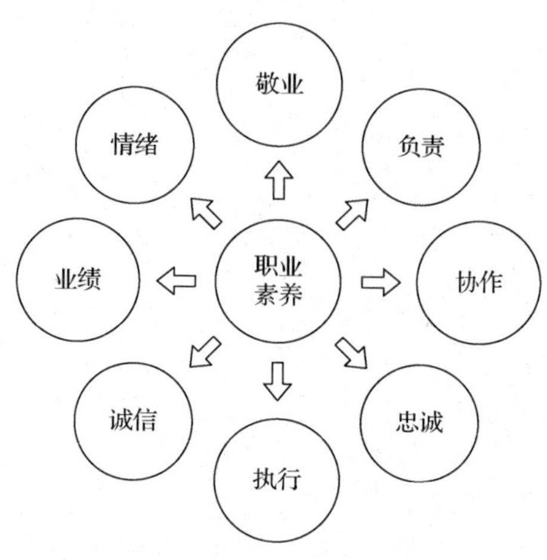

图 2-8　职业素养的内容

技能的划分告诉我们技能不够没关系，所有人的技能都是可以通过后天的学习和练习而获得的，这给了大家一个可改变的可能性。这个划分还揭示了无论我们去面试还是去一个新的行业，都得经历以下三关：第一关，学习基础理论知识；第二关，学习实践技能；第三关，学习从业品质。

3. 能力提升策略

能力提升一般会经历 4 个阶段：无知无能→有知无能（知识）→有知有能（技能）→无知有能（自动化）（图 2-9）。

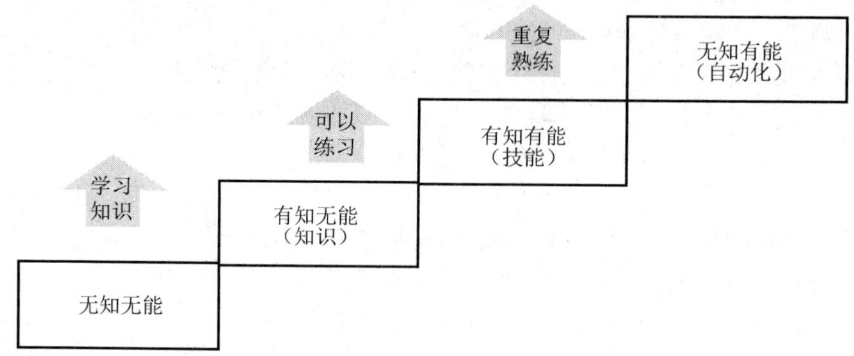

图 2-9　能力提升策略

1）无知无能：没有掌握相关的知识，更没有正确使用知识的能力。

2）有知无能：掌握相关的知识，但还不具备正确使用知识的能力。

3）有知有能：既掌握了相关的知识，也具备了正确使用知识的能力。

4）无知有能：知识不断内化、融会贯通，达到自动化输出的状态。

如何成为行业专家，分为以下三步走（图 2-10）。

1）第一步，专业化：学习专业知识，理清专业理论内容，便于系统提取。

2）第二步，职业化：笨拙开始，反复练习，大量重复性练习才能掌握一项技能。

3）第三步，专家化：把每个细节都走完“无知无能→有知无能→有知有能→无知有能”流程，不断地自动化。

图 2-10 成为行业专家的三步走

总结起来，知识是敲门砖，技能决定了你的职业选择宽度，才干决定了你的职业发展高度。

2.4.3 价值观

1. 定义

价值观是人们在做出选择和判断时所最为看重的原则、标准和品质，是个体关于什么是“有价值的”“值得（做）的”一系列信念，是一种人生重要程度的排列。对于价值观的不同排列能让我们区分个人。

职业生涯学者主张工作可提供个人内在需求的满足，个人是通过工作上的表现来寻求个人的意义和价值，也在工作中致力于达成自我的实现。因此，工作世界中可以提供你满足心理需求的目标物，在你选择工作或职业时会显得相当重要，这就形成了你的“职业生涯价值”。还有学者认为，一般人的职业生涯价值与工作的特定层面有关，如收入、工作时间、升迁、独立性、变异性、管理等。从事一个和职业生涯价值相符合的工作或职业，是达成满意职业生涯的必要条件。

2. 价值观的形成

价值观受制于人生观和世界观，价值观、人生观和世界观构成了我们的三观（图 2-11）。一个人的价值观是从出生开始，在家庭和社会的影响下逐渐形成的；一个人价值观的形成受其所处的社会生产方式及经济地位的影响，是决定性的，在一定程度上是不可逆的。

图 2-11 价值观的形成

每一个人的价值观都是跟他的文化、教育、基因有关系的，所以多病的小孩对安全感的需求会高一点；一个从小社会物质环境非常丰富的小孩，他对安全的诉求就没那么高；从小被教育读书很有用，对智慧的价值观就会高一点。也就是说，我们每个人是没有办法去选择自己的基因、自己被教养的程度和自己所处的时代的，所以从这个角度来说每个人的价值观都是值得被尊重的，因为那是他那个时代的产物，并不一定完全是他自由意识的选择。所以，对于跟你价值观很近的人，你应该感觉他或者跟他很“搭”；如果跟你的价值观不一样，你要明白这并不是这个人刻意的选择，并不是对于你本人的冲突和反对，只不过你们的价值观不太一样而已。如果你有机会去旅行和旅游，你会发现世界各地的人们价值观完全不同，出去走一走会使你的心胸开阔很多。

具有不同价值观的人会产生不同的态度和行为。职业价值观是指人生目标和人生态度在职业选择方面的体现，也就是一个人对职业的态度及对职业的追求和向往。联系前面价值观的定义，职业价值观是人们在做出选择和判断职业时，所最为看重的原则、标准和品质。

3. 职业价值观与生涯发展

职业价值观层次如图 2-12 所示。

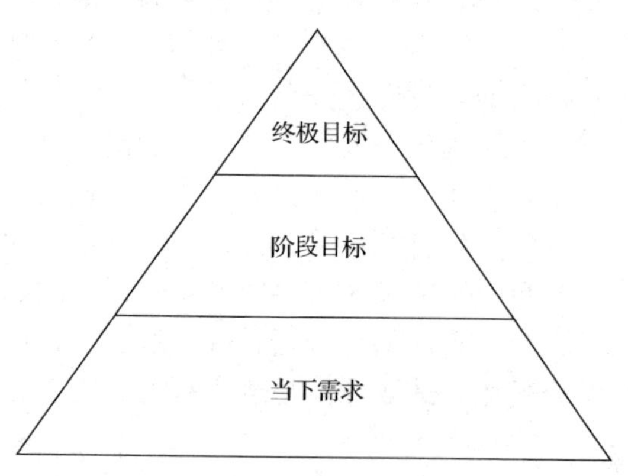

图 2-12 职业价值观层次

（1）终极目标

终极目标指向职业最高愿景，常常与人生观联系比较密切，通常指向潜意识中的深层需要，受早年生活经验和重要他人的影响比较多，根深蒂固，非常稳定。

（2）阶段目标

阶段目标为终极目标服务，受现实条件制约较明显，它是指导当下做出决策的标准，它具有相对稳定性。

（3）当下需求

当下需求日常生活中比较多，与个人所处的需求层次有关，它不太稳定。

我们探索出来的价值观体系，必须加上时间轴才具有指导意义。不然就会与当下需求、阶段目标、终极目标相混淆，这样会失去价值观的指导意义。

2.4.4 性格

1. 什么是性格

性格是人对现实的稳定态度和习惯化行为方式的总和，表现为个体独特的心理特征，是我们骨子里的条件反射。

1）稳定态度——无论在任何环境下、任何人面前，我们内心都会对某件事情所采取的态度。

2）稳定——不以对象为转移。

3）习惯化行为方式——最自然、最不需要伪装、最不需要耗能的行为方式，本能的条件反射。

性格是在社会生活中逐渐形成的，同时也受个体的生物学因素影响。

2. 通过MBTI探索职业性格

前面介绍了MBTI职业性格测试，这里进行拓展讲解。

MBTI（Myers-Briggs type indicator）的理论基础来源于瑞典心理学家荣格（Carl Jung）有关知觉、判断和人格态度的观点，由布莱格斯（Katherine C. Briggs）和她的女儿迈尔斯（Isabel Briggs-Myers）研究而发展成为心理测评工具，因此被称为Myers-Briggs type indicator。该理论根据4个维度8个向度将人的性格分为16种类型。

（1）第1个维度：外倾型-内倾型

个性类型的第1个维度与我们对周围世界的互动有关，解释能量释放到何处，从何处获得活力，分别描述见表2-3。

表2-3 个性类型的第1个维度

E（外倾型的人）	I（内倾型的人）
与他人在一起感到振奋	独自一人时感到兴奋
希望能成为注意的焦点	避免成为注意的焦点
先行动，再思考	先思考，再行动
喜欢边想边说出声，易于被了解，愿与人共享	个人信息注重隐私，只与少数人共享信息
说的比听的多	听的比说的多
热情地交流，精神抖擞	不把热情表现出来，显得矜持
反应迅速，喜欢快节奏	思考后再反应，喜欢慢节奏
与精深相比，更喜欢广博	与广博相比，更喜欢精深

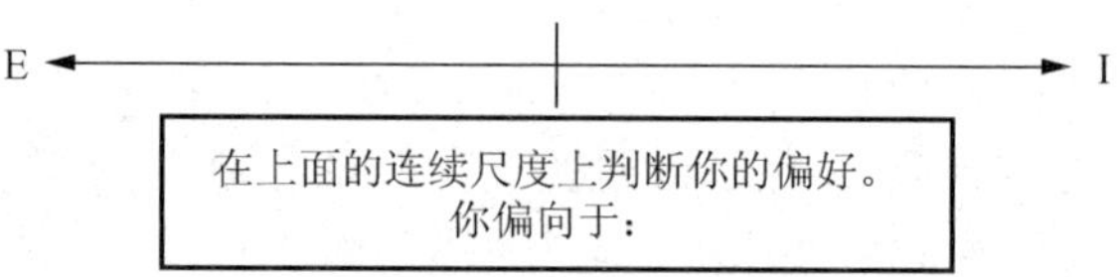

（2）第 2 个维度：感觉型-直觉型

个性类型的第 2 个维度与我们平时接受信息和获取信息的方式有关。个性类型的第 2 个维度见表 2-4。

表 2-4　个性类型的第 2 个维度

S（感觉型的人）	N（直觉型的人）
相信确定而有形的事物，相信看到的、听到的	相信灵感和推理，相信“第六感”（直觉）
喜欢具有实际意义的新主意	喜欢新主意和新概念，只出于自己的意思
崇尚现实主义与常识	崇尚想象力和新事物
喜欢运用和琢磨已有的技能	喜欢学习新技能，但掌握之后容易厌倦
留心特殊的和具体的，喜欢细节	留心普遍和有象征性的，使用隐喻和类比
循序渐进地给出信息	跳跃式的，以一种绕圈的方式给出信息
着眼于现在	着眼于将来
只相信可以测量、能够记录下来的	相信字面之外的信息

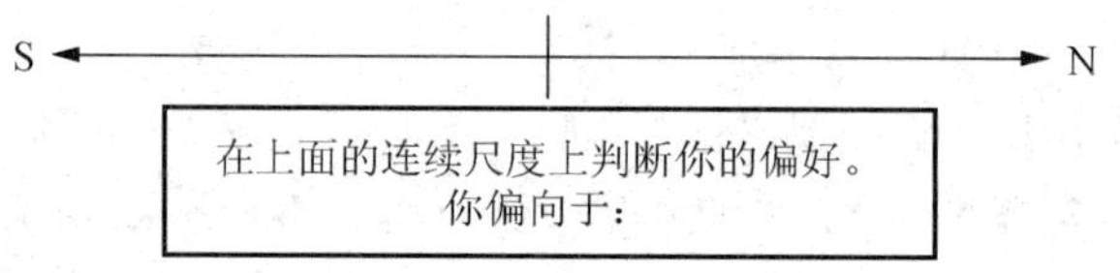

（3）第 3 个维度：思考型-情感型

个性类型的第 3 个维度涉及我们处理信息和做出决定、结论的方式，见表 2-5。

表 2-5　个性类型的第 3 个维度

T（思考型的人）	F（情感型的人）
后退一步，客观分析问题	向前看，关心行动给他人带来的影响
崇尚逻辑、公正和公平，有统一标准	注重情感与和睦，看到规则的例外性
自然地发现缺点，有吹毛求疵的倾向	自然地想让别人快乐，易于理解别人
可能被视为无情、麻木、漠不关心	可能被视为过于感情化、无逻辑、脆弱
认为诚实比机敏更重要	认为诚实与机敏同样重要
认为合乎逻辑的感情才是正确的	认为所有感情都是正确的，无论是否有意义
受获得成就欲望的驱使	受希望被人理解的驱使
按逻辑做出决定	按爱好和感觉做出决定

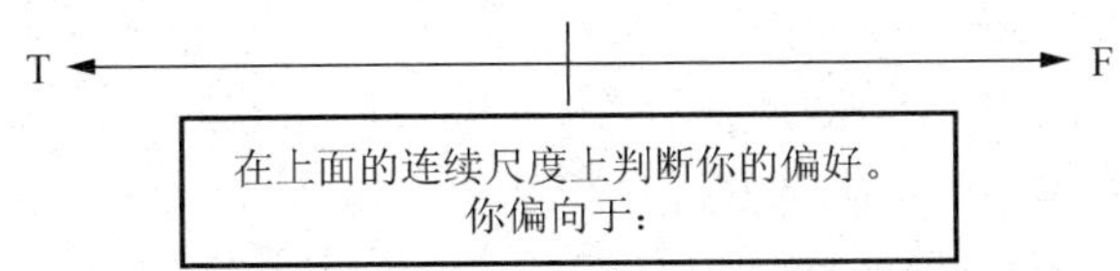

（4）第4个维度：判断型-知觉型

个性类型的第4个维度所关注的是一个人的行为方式，见表2-6。

表2-6　个性类型的第4个维度

J（判断型的人）	P（知觉型的人）
做完决定后感到快乐	因保留选择的余地而快乐
具有“工作原则”：先工作再玩（有时间的话）	具有“玩的原则”：先玩再工作（有时间的话）
确立目标并按时完成项目	当有新的情况时便改变目标
想知道自己的处境	喜欢适应新环境
注重过程	注重结果
通过完成项目获得满足	通过着手新事物而获得满足
把时间看成有限的资源，认真对待时间	把时间看成无限的资源，认为时间期限是活的
重条理性、计划性	重机动性、自由变通

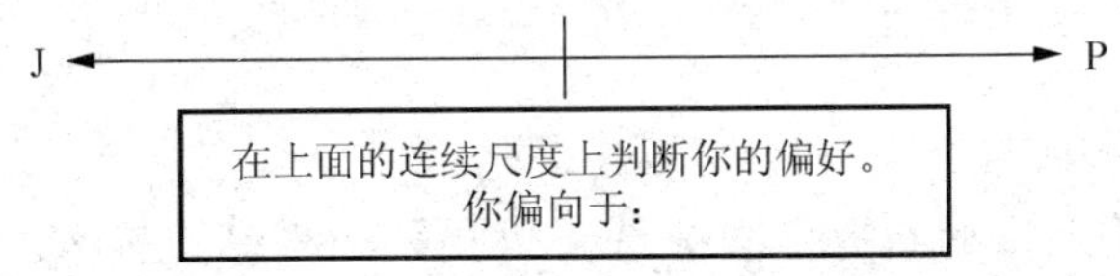

经过以上4个维度的分析，可以得到4种比较偏向的特性，这4种特性就代表了你的性格特征和职业偏好。如果你对自己的分析没有把握，可以通过有关网站进行MBTI的量表测试来确定自己的性格类型。

对以上4个维度两两组合，便可以得到16种性格特点。每个人通过专门的问卷、测试，可以了解自己的性格特征，从而有针对性地选择适合自己的职业，这就是该理论的指导思想。下面简要列出16种性格类型及适合的职业类型，仅供参考。

1）ISTJ型：内倾+感觉+思考+判断。

安静、严肃、认真、依赖他人而取得成功。讲求实际，注重事实和有责任感。不仅能够合情合理地去决定应做的事情，而且能够坚定不移地把它完成，不会因外界事物而分散精力。不论在工作、家庭或者生活上，该类型的人做事有次序、有条理，重视传统和忠诚。

比较适合的职业：工程师、审计员、医学研究者、后勤经理、预算分析员、证券经纪人、计算机程序员、信息总监、地质学者、会计、文字处理专业人士等。

2）ISFJ型：内倾+感觉+情感+判断。

沉静、友好、谨慎、有责任感，能坚定不移地承担责任，做事贯彻始终、不辞劳苦、准确无误。忠诚、细心、替人着想，往往记着他所重视人的种种微小事情，关心别人的感受，乐于努力创造一个有秩序、和谐的工作和家居环境。

比较适合的职业：图书管理员、教师、人事管理人员、电脑操作人员、商品规划师、顾客服务代表、信贷顾问、零售业主、房地产代理或经纪人、艺术人员、室内装潢师、语言病理学者等。

3）ISFP 型：内倾+感觉+情感+知觉。

安静、友好、仁慈、敏感。喜欢有自己的空间，做事能把握自己的时间，忠于自己的价值观，忠于自己所重视的人；不喜欢争论和冲突，不会强迫别人接受自己的意见或价值观。

比较适合的职业：室内/风景设计师、优先客户销售代表、厨师、商品规划师、测量师、行政人员、海洋生物学者、旅游销售经理、职业病理专业人员等。

4）ISTP 型：内倾+感觉+思考+知觉。

容忍、冷静、有弹性。当有问题出现时，便迅速行动，找出可行的解决方法。能够分析哪些因素可以使事情进行顺利，又能够从大量资料中找出实际问题的重心。很重视事件的前因后果，能够以理性的原则把事实组织起来，重视效率。

比较适合的职业：软件开发商、证券分析员、管理顾问、电子专业人士、信息服务开发人员、海洋生物学者、银行职员、后勤与供应管理、技术培训人员、经济学者等。

5）INFJ 型：内倾+直觉+情感+判断。

寻求思想、关系、物质等之间的意义和联系。希望了解什么能够激励人，对人有很强的洞察力。有责任心，坚持自己的价值观。对于怎样更好地服务大众有清晰的远景目标；在目标的实现过程中有计划，而且果断坚定。

比较适合的职业：艺术指导、事业发展顾问、营销人员、媒体特约规划师、企业组织发展顾问、企业培训人员、编辑、口译人员、人力资源经理、职业分析人员、社会科学工作者。

6）INTJ 型：内倾+直觉+思考+判断。

在实现自己的想法和达成自己的目标时，有创新的想法和非凡的动力，能很快洞察到外界事物间的规律并形成长期的远景计划。一旦决定做一件事就会开始规划直到完成。多疑、独立，对于自己和他人能力与表现的要求都非常高。

比较适合的职业：信息系统开发商、管理顾问、经济学者、国际银行业务职员、金融规划师、运作研究分析人员、综合网络专业人员等。

7）INFP 型：内倾+直觉+情感+知觉。

理想主义者，忠于自己的价值观及自己所重视的人。外在的生活与内在的价值观配合，有好奇心。试图了解别人、协助别人发展潜能。如果和他们的价值观没有矛盾，往往能包容他人。

比较适合的职业：娱乐业人士、人力资源开发专业人员、社会科学工作者、团队建设顾问、编辑、艺术指导、记者、口译人员、建筑师、研究工作者、顾问、心理学专家等。

8）INTP 型：内倾+直觉+思考+知觉。

沉静、满足、有弹性、适应力强。对任何感兴趣的事物，都要探索一个合理的解释。喜欢理论和抽象的事情，喜欢理念思维多于社交活动。在他们感兴趣的范畴内，有非凡的能力去专注而深入地解决问题。有怀疑精神，有时喜欢批判，常常善于分析。

比较适合的职业：战略规划师、电脑软件设计师、系统分析人员、研究开发人员、金融规划师、信息服务开发商、变革管理顾问、企业金融律师等。

9）ESTJ 型：外向+感觉+思考+判断。

讲求实际，注重现实与事实。果断，善于很快做出实际可行的决定；善于将项目和人组织起来完成事情，并尽可能以最有效率的方法达到目的；能够注意日常例行工作的细节。有一套清晰的逻辑标准，自己遵循，并希望他人同样遵循，会以较强硬的态度去执行计划。

比较适合的职业：电脑分析人员、银行职员、项目经理、普通承包商、数据库经理、证券经纪人、信息总监、业务运作经理、保险代理、后勤与供应经理、工厂主管等。

10）ESFJ 型：外向+感觉+情感+判断。

有爱心、有责任心、忠诚、喜欢合作。希望周边的环境温馨而和谐，并为此果断地营造这样的环境氛围。喜欢和他人一起精确、及时地完成任务，能体察到他人在日常生活中的所需并竭尽全力帮助。希望自己和自己的所为能受到他人的认可与赏识。

比较适合的职业：电信营销员、公关客户经理、个人银行业务员、信贷顾问、销售代表、房地产经纪人、零售业主、餐饮业者、营销经理、接待员、人力资源顾问、簿记员等。

11）ESFP 型：外向+感觉+情感+知觉。

外向、友好、包容、热爱生活、喜欢物质上的享受及与别人共事。在工作上，讲究常识性和实用性，注意现实的情况，使工作富于趣味性。富有灵活性、即兴性，自然不做作，易接受新朋友和适应新环境。与别人一起学习新技能可以达到最佳的学习效果。

比较适合的职业：社会工作者、公关专业人士、劳工关系调整人、旅游销售经理、零售经理、团队培训人员、旅游项目经营者、表演人员、特别事件协调人、融资者、商品规划师、保险代理/经纪人等。

12）ESTP 型：外向+感觉+思考+知觉。

实际、灵活、忍耐力强。觉得理论和抽象的解释非常无趣，喜欢积极地采取行动解决问题。注重当前，自然不做作，享受和他人在一起的时刻，喜欢物质享受和时尚。学习新事物最有效的方式是通过亲身感受和练习。

比较适合的职业：手工艺者、企业家、业务运作顾问、证券经纪人、银行职员、个人理财专家、预算分析者、综合网络专业人士、旅游代理、促销商、技术培训人员、新闻记者、土木/工业/机械工程师等。

13）ENFJ 型：外向+直觉+情感+判断。

温情、有同情心、反应敏捷、有责任感，非常关注别人的情绪、需求和动机。善于发现他人的潜能，并希望能帮助他们实现目标，起到个人或群体成长和进步的催化剂作用。忠诚，对赞美和批评都能做出积极回应。友善、喜好社交，在团体中能很好地帮助他人，并有鼓舞他人的领导能力。

比较适合的职业：公关专业人士、人力资源开发培训人员、销售经理、小企业经理、程序设计员、生态旅游业专家、广告客户经理、协调人、交流总裁、作家、记者、非营利机构总裁等。

14）ENTJ 型：外向+直觉+思考+判断。

坦诚、果断，有天生的领导能力，能很快看到公司/组织程序和政策中的不合理性及低效性，发展并实施有效和全面的措施来解决问题；善于做长期的计划和目标的设定。通常，该类型的人见多识广、博览群书，喜欢拓宽自己的知识面并将此分享给他人。在陈述自己的想法时非常有力。

比较适合的职业：国际销售经理、人事/销售/营销经理、技术培训人员、后勤/计算机信息服务和组织重建顾问、特许经营业主、程序设计员、环保工程师等。

15）ENFP 型：外向+直觉+情感+知觉。

热情洋溢、富有想象力，认为生活充满很多可能性，能很快地将事情和信息联系起来，很自信地根据自己的判断解决问题。很需要别人的肯定，又乐于欣赏和支持别人。灵活、自然不做作，有很强的即兴发挥能力，言语流畅。

比较适合的职业：环保律师、营销经理、人力资源经理、变革管理顾问、企业/团队培训人员、广告客户经理、战略规划人员、宣传人员、事业发展顾问、研究助理、广告撰稿员、播音员、开发总裁等。

16）ENTP 型：外向+直觉+思考+知觉。

睿智、反应快、有激励别人的能力，警觉性强、直言不讳。在解决新的、具有挑战性的问题时机智而有策略。善于找出理论上的可能性，然后再用战略的眼光分析。善于理解别人，不喜欢例行公事，很少会用相同的方法做相同的事情，倾向于一个接一个地发展新的爱好。

比较适合的职业：营销策划人员、国际营销商、金融规划师、人事系统开发人员、广告创意指导、投资经纪人、后勤顾问、工业设计经理、投资银行职员等。

2.4.5 认识自我对职业生涯的影响

1. 认识自我，实现人职匹配

职业心理学家勃兰特曾经做过一个实验。他追踪调查了一批大学毕业生，将他们的个性、在校学习成绩、智力与他们毕业 5 年后取得的成就和收入做了一下比较，结果显示：事业成功和智力的相关度是 0.18，和在校学习成绩的相关度是 0.32，与个性的相关度为 0.72。这个实验验证了事业成功与否，与个人的个性有关。也就是说，一个人所做的工作与自己的个性越契合，他的事业成功率就越大。

认识自我是求职择业的第一步。大学生只有准确了解自己的个性特点，同时掌握一定的职业信息之后，才能够为自己做出最佳的职业决定，进而实现人-职匹配，增加其未来的职业适应度和工作满意度。

2. 认识自我，实现事业成功

个性是职业生涯成功的最大宝藏。个性作为人的一种内在特质，散发着一个人内心深处的活动气息，是人生获得成功的通行证。因此，真正了解自己的个性与兴趣，接受相关知识教育，从事相关职业，很容易取得成功，而且会使人有较强的成就感。大学生应充分认识自我、挖掘自身的潜力，让自己的职业生涯有意义、有建树，实现成功人生。

“导人必因其性，治水必因其势。”人的个性与职业密切相关，各行各业的成功人士多半有相似的个性特点，不同个性特点的人从事不同的工作，如果个性与职业匹配，则职业会带给人们乐趣和更多的成功机会。

2.4.6 能力分类

能力包含一般能力和特殊能力两个方面。

1. 一般能力

一般能力是指一个人完成大多数活动所必备的能力，如以思维能力为核心的观察能力（对事物的观察、理解和判断等）、记忆能力（记忆的速度、准确性、持久性等）、思维能力（对事物的分析、综合、抽象和概括等）、想象能力（想象的生动性、新颖性等）和语言表达能力（语言的丰富性、流畅性等），这种能力最集中体现在认知活动中，也就是我们通常所说的智力。

2. 特殊能力

特殊能力是指顺利完成某种特殊活动所必备的专门能力，如动作能力、绘画能力、音乐能力、写作能力等，与某些职业活动紧密相关。

在人的成长中，一般能力和特殊能力有机结合，一般能力是各种特殊能力形成和发展的基础，而特殊能力也会促进一般能力的更好发展与表现。人们要有效率地完成各项活动，实现预期目标，取得事业成就，既要以一般能力作为基础，又要有特殊能力的参与。

2.4.7 能力与职业

大学生正确认识自己的能力，是进行职业生涯规划的重要前提。一个人的能力必须要与他所从事的职业相匹配。比如，做教师就必须具有较强的语言表达能力，做市场营销就必须具有善于与人打交道的沟通能力，做广告就必须具备思维敏捷的能力……做任何事都要有自己所从事职业的能力，即职业能力，职业能力包括学习能力（智力）、语言表达能力、数理能力、判断能力、图形知觉能力、事务能力、符号知觉能力、运动协调能力、手指灵巧能力等。

2.4.8 能力测验

能力测验种类繁多，能力倾向测验由 12 个分测验组成，测量人的智能、言语能力、数理能力、空间判断能力、形状知觉、书写知觉、运动协调、手腕灵巧度、手指灵巧度。

能力倾向测验（简称 GATB）能对较广泛的能力因素进行测量与评定，同时又是一套用于职业指导和雇佣人员的测验。这套测验包括 12 个分测验，共需施测时间 120～130 分钟，包含对 9 种不同的能力因素进行评定。GATB 对 9 种不同能力因素的测验见表 2-7。

表 2-7　GATB 对 9 种不同能力因素的测验

代号	名称	测验构成（编号）	能力分类
G	智能	3，4，6	学习能力
V	言语能力	4	
N	数理能力	2，6	
S	空间判断能力	3	知觉能力
P	形状知觉	5，7	
Q	书写知觉	1	
K	运动协调	8	操作能力
M	手腕灵巧度	9，10	
F	手指灵巧度	11，12	

GATB 的 12 个分测验分述如下。

（1）名称比较

检查书写知觉，测量学生对简单知觉项目的反应速度。要求学生指出给予的两个名称是否完全一样或者它们在哪些细节上不同。

（2）计算

让学生快速进行简单算式运算，来检查他们的数理能力。要求学生迅速和准确地进行加减乘除的算式运算。

（3）三维空间

检查学生空间的判断能力。在一个平面图上标出虚线，要求学生指出按虚线折叠可以折成4个三维形状中的哪一个。

（4）词汇

通过快速找出同义词或近义词，检查学生的言语能力。要求学生在4个一组的单词中找出成对的同义词或近义词。

（5）工具相配

检查学生的形状知觉。给予学生一个工具图形作为刺激物，要求他们从几个差别很小的图形中选出与刺激物相同的图形。

（6）算术推理

通过解答应用题来检查学生的数理能力。要求学生理解文字叙述的应用题并运算。

（7）形状相配

检查学生的形状知觉。给学生一张图纸作为刺激物，图纸上有各种形状的图案，要求学生在应答表上把与刺激物形状相同的图案选出来。

（8）做记号

鉴定学生的运动协调。要求学生在答案纸上的一组格子中用笔画一个特定的符号，组成一个简单的图案，检查学生在60秒钟内准确填写该符号的格子数目。

（9）放置

有两块钉板，上面有若干孔，其中一块板上插满栓子，要求学生用双手把置于一块板上各个孔内的栓子移到另一块板上，测验需做3次，根据3次移动栓子的总数评分。

（10）转动

仍旧用上述测验（9）中的两块钉板，要求学生用比较灵活的那只手从一块钉板上拔出一个栓子，在手中旋转 180°；再把这个栓子的另一端重新插到孔内，测验需做3次，根据转动过栓子的总数评分。

（11）装配

一块板分成两头，每一头都有50个孔，在其中一头的每一孔里放一枚小铆钉，在一个转轴里放有一个垫圈。要求学生用一只手拿起一枚铆钉，另一只手拿起一个垫圈，把垫圈套在铆钉上；然后把它们放置在这块板上另一头相应的孔内，在90秒钟内要尽可能多地把铆钉和垫圈装配起来并放入孔中，看完成件数的数量。

（12）拆卸

在90秒钟内，要求学生拆卸上述测验（11）中装配好的铆钉和垫圈，然后再把它们放回最初的位置，看拆卸件数的数量。

以上 12 个分测验中，测验（1）～（8）为书面测验，测验（9）～（12）为器具测验，全部测验在很大程度上属于速度性测验。

2.5 案例分享

小玲是某院机电系大三的学生，她认为自己缺乏这方面的天赋，对机械、模具实在是没有什么兴趣。读这个专业完全是命运的安排，填报志愿时接受调剂的结果，完全不是她的意愿，现在是追悔莫及。“其实我很喜欢市场营销，我本来想读商学，可是事与愿违啊！”小玲出生于经商之家，她也在这种商业氛围下长大。本身是一个性格活泼、头脑灵活的女孩，但是现在却要每天对着一些枯燥无味的机械工程图、专业软件，弄得她头痛，不知道怎么应对才好。每当上课的时候，小玲“身在曹营心在汉”；每次课程设计的时候，她就逃课。这样一来，她的专业成绩可想而知，挂科和补考是意料中的事了。一想到还有两年就要毕业了，她开始有点着急了，再这样下去，可能连毕业证都拿不到，拿什么去就业呢？小玲很想找到解决问题的办法，找老师咨询。

就业指导老师也看到了问题的严重性，不喜欢本专业，但本专业却又左右着她的未来。如果再不解决的话，她的前途令人担忧。由于对机电专业的反感，对专业学习已经产生了抵抗心理，逃课、厌学等现象在她身上经常出现。对她来说，调整好自己，认清自己，重新做职业规划是当务之急。

首先，转专业已经不可能。虽然她很讨厌机电专业，可是如果放弃本专业，不仅大学毕业证比较难拿到，而且以后进入社会求职也是岌岌可危。初入职场，企业看中的是从业人员的专业知识，具备专业知识的人可塑性更强。如果小玲不把握好自己的专业，她的大学毕业证书将会成为一张废纸。所以，再怎么讨厌机电专业，小玲都不可以轻易放弃。她可以选择在本专业的背景下选修其他专业，提升自己的竞争力，打造自己的核心竞争力。

其次，通过测评，我们发现小玲确实具有市场营销人员的职业气质。她可以往这方面发展，有效利用自己的职业气质发展自己的职业兴趣，为以后的求职积累经验。在学校期间小玲可以边学习边兼职，锻炼自己的销售能力。同时，在提倡大学生在校创业的今天，小玲还可以在大学边学习边做生意，多涉及一些领域，积累相关知识和经验。在不耽误学业的前提下加强市场营销专业的学习。

专业知识是职业发展向更高层次递进的基础，不提高自己的专业基础，就没有办法向更高的领域发展。因此，小玲的规划重点如下。

1）在学好本专业知识的前提下，学习市场营销专业知识，积累这方面的经验。

2）有效协调好以上两个专业的学习，使自己变成实施性、操作性强的人才。这样的话，她可以有“双重保障”，不但毕业证没有问题，以后的职业发展前景也解决了。对于小玲来说，结合自己的专业兴趣，将来模具产品的市场营销是她目前的一个职业方向，将会有巨大的潜力可以发挥。

点评：正确认识自己是人生成功的一半。案例中小玲面对机电专业学习很不适应，因而产生厌学、逃避的消极抵抗心理，这使她陷入进退两难的境地。在就业指导老师的帮助下她清楚地认识到了自己的兴趣、特质、家庭背景，以及如何打造自己的核心竞争力，对职业发展重新进行了定位，选择一条既没有舍弃本专业又不违背自己兴趣的职业发展之路。

在职业生涯发展中不断地进行自我探索是帮助我们建立良好的自我意识的前提，而良好的自我意识的确立意味着我们能够正确的认识自己的身份角色与社会地位，并对这种认识有恰当而适宜的态度。自我意识对个体行为具有直接的支配作用，一般而言，持有较适宜的自我概念的人，在采取行动时，往往也表现得更加理性和积极，反之，则往往与现实不相适应甚至发生冲突。

2.6 拓展体验

2.6.1 描述展示自己

想象一下，你正写一封信给网络上认识却素未谋面的笔友，介绍你自己。告诉他（她）你是什么样的人、你最喜欢做的事、你最擅长的活动，以及你的未来计划等。你会怎么介绍自己呢？

2.6.2 兴趣“喂养”

（1）兴趣星空

在日常生活中，你总喜欢做自己感兴趣的活动，如看漫画、养鱼、种花、种草、唱歌、跳舞、滑冰、游泳、跑步、摄影、书法、写作、修表、服装设计、上网聊天、听歌、集邮、打球、购物、逛街……你若感到时间不够用，心情很愉快很满足，那么这就是兴趣。请写下这些兴趣，按兴趣大小填入图2-13中的星星里。

请用不同的符号标记你写的这些兴趣：

▲表示感观兴趣（又称为直观兴趣）：通过直接的感官刺激产生的兴趣；外控，不稳定。

▲▲表示自觉兴趣（持续做）：感官+主动认知；内控，相对稳定。

▲▲▲表示志趣（经常做）：感官+主动认知+价值激励；内控，非常稳定。

图 2-13　兴趣星空

（2）我的兴趣金字塔

把自己在日常生活中喜欢做的感兴趣的活动写在如图 2-14 所示的兴趣金字塔里。

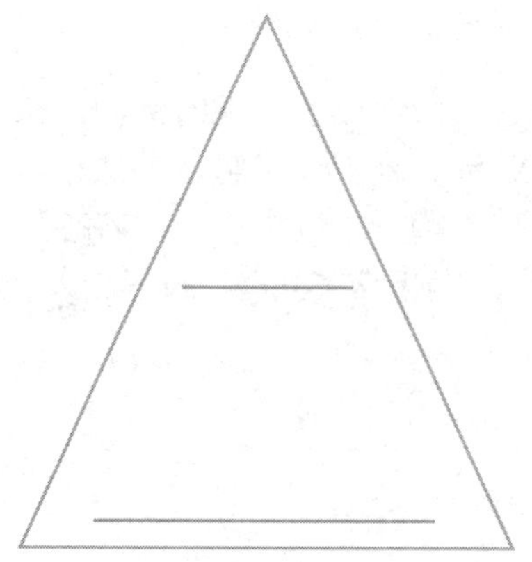

图 2-14　我的兴趣金字塔

我的行动：____

____

____

____

____

____

____

____

（3）“喂养”你的兴趣

在理解了兴趣金字塔之后，我们也就很容易知道如何“养大”一个兴趣了。“喂养”兴趣三步法如下。

1）第一步，让自己先沉浸在足够多的感官体验之中，获得兴趣的第一步动力。

2）第二步，在感官兴趣还没有消退之前，尽快地掌握更多的知识，让自己的感官兴趣进化为自己的兴趣。

3）第三步，给自己找到一个兑换价值的方式，把这个兴趣和你最感兴趣的价值观绑定在一起。注意别让自己的目标设定得太高，以免自己产生失落感。

不断地重复这个过程，兴趣就会慢慢固化下来。

2.6.3 能力管理

任何一项工作的完成，都离不开能力三核（知识、技能和才干）。和专业棋手聊起来，他们的职业道路也大抵如此：一开始是比谁记得棋谱多，这是知识累积过程；慢慢地就要不断地下棋提升棋力，能和专业选手下几个小时，算出接下来多少步，这是技能的进阶；但是高段位的棋手并不依靠棋力取胜，最后出奇制胜的一步，完全源自有浓厚个人特质的灵感——这就是才干。

能力三核在任何职业中，缺一不可。

有知识才干能有 40 分；有技能能有 60 分；熟练能有 80 分；琢磨能有 90 分；而 90～100 分这段，就到了拼才干的地步。

（1）能力矩阵分析

能力矩阵分析如图 2-15 所示，回答后述问题。

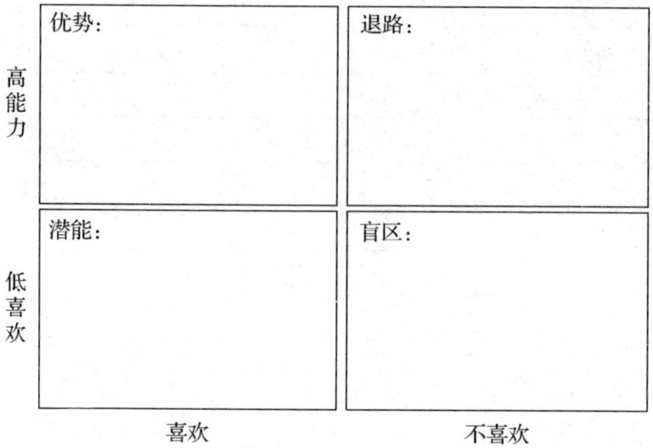

	喜欢	不喜欢
高能力	优势：	退路：
低喜欢	潜能：	盲区：

图 2-15　能力矩阵分析

1）找到你现在的工作（或你有可能从事的工作），通过调研罗列出这份工作主要的能力需求（你可以参考自己在职业调研部分的工作描述结果，或者在招聘网站的职位说明书里面找到工作的技能需求）。

____

2）把这些能力按照“擅长-不擅长”“喜欢-不喜欢”的模式排列到图 2-15 所示的能力矩阵中去（如果你曾经从事过，根据你的经验判断是否擅长即可，一般能排到同龄人前 40%都可以认为是擅长。如果没有从事过，你可以暂时依靠你的判断，但是务必要找机会真正体验一下）。

3）你的优势是什么？你应该如何强化他们？（你需要罗列出能操作的具体方式）

4）你的盲区是什么？你该如何对待它们？（包括躲避、认真对待等，但是你需要罗列出能操作的具体方式）

5）你的储存区有哪些能力？你有可能如何结合使用？（你需要罗列出能操作的具体方式）

____

____

____

6）未来一年，你主要提升哪 2 个能力？你希望自己达到什么水平？（罗列出具体的指标，可以是“当我可以和外国人用英语在电话里沟通 10 分钟的时候”或者“拿到××证书”）

____

____

____

（2）能力提升策略

1）终身学习：在一个职业和职业需求都迅速变化的年代，我们需要终身学习。

2）整合：把过去的所有资源和能力都整合起来。整合是非常重要的能力，能整合自身的能力，叫竞争力；能整合团队的能力，叫组织力；能整合公司的能力，叫领导力；能整合行业的能力，就是“改变世界”的能力。

3）翻译（转码）：很多人的职业发展不顺，不是因为能力不强，而是不知道如何把过去的能力和资源“转码”出来，让领导能读懂。

（3）管理策略

1）聚焦优势：精进、优化。

2）躲避盲区：躲避、授权、认真面对。

3）利用储存、培养潜能：重新定位、组合使用、选定方向、刻意学习。

2.6.4 写写关于你的诗歌

完成以下三段体的诗并大声朗读 5 遍。

我是______________________________________

我想______________________________________

我听见____________________________________

我看见____________________________________

我愿______________________________________

我是______________________________________

我假装________________

我感到________________

我触摸________________

我担心________________

我哭泣________________

我是________________

我明白________________

我相信________________

我梦想________________

我努力________________

我希望________________

我是________________

2.7 动脑小测

1．内控型，很稳定的兴趣是（　　）。

A．感官兴趣

B．自觉兴趣

C．志趣

2．我们可以边骑车边想事情，是我们的骑车技能发展到了（　　）。

A．无知无能

B．无知有能

C．有知有能

D．有知无能

3．下列选项中，不属于知识的是（　　）（多选）。

A．演讲

B．PPT 设计

C．心理学

D．电路基础

E．执行力强

4．下列选项中，能力可迁移性强的是（　　）（多选）。

A．知识

B．技能

C．才干

5．MBTI 性格类型理论，在 E 的眼中，下面不是 I 的缺点的是（　　）（多选）。

A．看上去很孤僻

B．看上去很肤浅

C．看上去死板

D．看上去不靠谱

答案：C、D、ABE、BC、BD。

2.8 我的生涯时光

日期：

本周生涯主题（可以从学习、交友、社团、实践、自我管理等方面进行自我设定）。

1．____________________

2．____________________

3．____________________

本周生涯力量（如给我支持的人、最快乐的事情、最有成就感的事情等）。

1．____________________

2．____________________

3．____________________

4．____________________

5．____________________

6．____________________

本周生涯自评（请在相应分数上打钩，1 代表最低，10 代表最高）。

快乐度：1　2　3　4　5　6　7　8　9　10

充实度：1　2　3　4　5　6　7　8　9　10

幸福感：1　2　3　4　5　6　7　8　9　10

本周生涯评价（请记录最有感触的一句话）。

____

项目3

探索职业世界

3.1 项目目标

◇ 对职业信息进行收集、分析、判断，增进对自我和职业世界的了解，以形成正确的职业选择。

◇ 以积极心态面对职业世界，消除对职业的刻板印象。

◇ 开拓思维，多渠道、多角度获取工作信息。

◇ 了解目前职业大趋势。

◇ 掌握多种获取和研究职业信息的方法。

◇ 学会有效地对职业信息进行管理。

3.2 项目描述

将视角从内部转向外部，分 3 个环节完成对职业世界的探索。通过了解劳动力市场，分析职业信息，了解自己适合或喜欢的职业、职位有哪些要求，从而了解自己所学的专业到底需要什么样的人才，进而利用外部平台掌握职业生涯规划的更多有效信息。

3.3 项目环节

3.3.1 环节一：手机知多少

头脑风暴法：列出和手机相关的尽可能多的职业。

问题：从这个活动中你得到了哪些启发？你的专业和相关职业之间的关系有哪些？

思考：

1. 职业层出不穷：短信写手、农民经纪人、职业道歉人、职业讨债人、职业砍价人、职业游戏玩家、职业领路人、私人理财顾问、新闻线人……

2. 专业和技能是可以变通的，同一个专业可以对应多种职业。

3. 探索职业世界时，应了解和自己专业相关的职业。学习专业知识的目的是帮助人更好地发展自己，绝不是限制人的发展。

4. 面对职业世界，大学生需要学会如何应对职业的变动，而不是一直去回避。

3.3.2 环节二：职业信息搜集与分析

要求：每个小组选取一个主题，分别完成调查和资料整理分析。选取一名代表对该主题进行表述，要求在5～10分钟内，可辅助演示文稿软件（简称PPT，下同）。你可以利用各招聘网站获取信息、整合信息、提炼主旨。

（1）主题一：什么是职业测评

职业测评是心理测验的一个分支，是心理测量技术在职业管理领域的应用，它以心理测量为基础，对人的物质进行科学、客观、标准的系统评价，从而为组织和个体两个层面的职业发展管理提供参考依据。科学的职业测评以特定的理论为基础，是客观化、标准化的问卷，它的科学性和客观性是其他自我了解的方法所不具有的。

（2）主题二：职业测评的作用

职业测评的目的是实现人适其职、职得其人，人尽其才、才尽其用。它在研究、咨询、指导个人的职业生涯开发中占据重要的地位，是不可或缺的工具。具体来说，职业测评包括许多功能，它能服务于人力资源规划，为招聘、安置、考核、晋升提供依据；同时，也是个人择业的参考，是职业生涯规划与开发的基础。通过职业测评，可以实现组织和个人的双赢。

1）预测功能：预测个体在教育训练、职业训练及未来工作中的表现。

2）诊断功能：评估个体的优势、劣势，并诊断个体在兴趣、价值观和职业生涯决策等方面的特质。

3）区别功能：区别出个体的某些特质最类似于哪一类的职业群体。

4）比较功能：诊断测量学指标，将个体素质（能力倾向、兴趣、价值观等）与某些效标团体相比较，从而观察两者之间的匹配程度。

5）探测功能：了解个体在职业生涯发展的连续过程中，其职业决策、职业适应性的行为、态度，以及能力方面的一般状况，以便提供必要的职业辅导。

6）评估功能：对职业生涯咨询或辅导的进展情况和效果进行评估。

（3）主题三：行业环境信息分析

这个行业是什么？行业对生活和社会的作用及发展前景、趋势如何？行业的细分领域有哪些？行业的人力资源需求状况及趋势如何？所从事行业需要具有的通用素质和从业资格证书有哪些？有哪些名人做过或在做这个行业？了解行业著名公司总经理或人力资源总监的人生经历；职业访谈，了解一般职员的一天；企业校园招聘职位及大学生一般能力要求。同时，从以下几个方面综合思考：

发展前景：

____

____

区域分布：

____

____

知名企业代表：

____

____

教育培训及薪资情况：

____

____

（4）主题四：企业分析

选择1～2个企业，进行走访调查分析，注意以下几点。

1）企业调研。可从10个方面去了解企业：简介历史、产品服务、经营战略、组织机构、企业文化、人力资源战略、薪酬福利、人物员工、图片活动、其他文件。

2）发展阶段。了解企业所处的发展阶段：开发期企业、成长前期企业、成长后期企业、成熟期企业、衰退期企业。

3）企业选择。当你以企业调研报告的形式完成对目标企业的调研时，你可能会发现自己不喜欢目前所调研的企业，那么你就要重新开始企业探索了，以便确定自己所喜欢的企业。

4）确定企业。通过调研、探索，最终确定自己的目标企业。

（5）主题五：岗位分析

选取典型岗位进行分析，注意以下几点。

1）岗位描述。这个岗位是什么、做什么？这个岗位从业人员应具备什么素质？谁做过和谁正在做这个岗位？

2）岗位晋升通路。与这个岗位相关的岗位是什么？这个岗位的晋升通路怎么样？

3）不同背景下的岗位要求。不同行业对这个岗位的理解是什么？不同类型企业及企业所处发展阶段对这个岗位的理解是什么？不同领导和上司对这个岗位的理解与要求是什么？

4）个人与岗位的差距。当你综合了解该岗位要求后，就可以进行差距量化和差距补充了。

（6）主题六：了解本学校你所在专业的发展现状

了解本学校你所在专业的发展现状，并填入表3-1中。

表3-1 本学校你所在专业的发展现状

列出重点必修课	列出相关选修课	列出学习方式
列出参加大学英语四级考试和全国计算机等级考试的时间	列出考取证书时间	考证期限
		第　学期 第　学期 第　学期
课外学生社团选择	参加竞赛项目选择	假期社会实践内容选择

（7）主题七：访问职业生涯人物

项目：通过与一定数量的职业生涯人物（通常是自己感兴趣的职业从业者）会谈而获取关于一个行业、职业和单位内部信息的一种职业探索活动。通过访谈，了解该职业岗位的实际工作情况，获取相关职业领域的信息，进而判断你是否真的对该工作感兴趣，这实际上是一次间接、快速的职业体验。

内容：对工作性质，项目或内容，工作环境，就业地点，所需教育背景，培训或经验，所需个人的资格，技巧和能力，收入或薪资范围，福利，工作时间和生活形态，相关职业和就业机会，组织文化和规范，职业发展展望等进行访谈了解。

3.3.3 环节三：职业信息的整理

通过分析，对工作进行一个简要基本的描述，如工作种类、典型工作环境、典型职业生涯路径等。请你思考，形成系统文稿。

1）学会该工作需要的技能。

2）工作的条件：描述物理环境、压力水平、管理类型、工作时间等。

3）教育/培训/资格证书：描述与工作有关的学习专业或领域，确认要求的证书等。

4）前景薪酬：描述这个领域目前和未来的工作机会、目前和未来的薪酬、地域性影响及行业变化等。

总结：描述你对这个职位的大概认识及与自己是否匹配，以及在能力与素质的差异性方面有何不同。

3.4 知识点拨

3.4.1 职业环境

职业环境是指某职业在社会大环境中的发展状况、技术含量、社会地位、未来发展趋势等。进行职业环境分析的要求是，通过职业环境分析弄清职业环境对职业发展的要求、影响及作用，对各种影响因素加以衡量、评估。

3.4.2 了解职业信息的作用

职业信息的作用如下。

1）促进正确的生涯决策。

2）进一步认识和了解自己。

3）培养和提升大学生能力。

4）预测未来发展。

3.4.3 获取职业信息的途径

1. 出版物（书籍、专著、论文、影视资料等）

查阅关于职业分类和职业标准，以及各类职位名称、工作分析的工具书，并对其进行分析。通过这些工具书，你可以了解每一种职位的名称、职责、工作环境、工作程序、工作内容，以及工作对人的兴趣、资质、身体条件、受教育程度等方面的要求。

2. 运用互联网搜集职业信息

现今互联网上的职业信息越来越多，大多数职业信息网站的内容都涉及职位简历、公司简介、就业政策、人才培训、人才测评、就业新闻、就业指导等方面的信息，并且还有各类职业发展方面的分析文章和预测，同时对各类职业的现状、需求、用人条件、工资待遇、未来变化也都有比较详尽的介绍。

随着互联网的普及，越来越多的人懂得利用互联网寻求职业信息。但是互联网上的信息也有其局限性，比如没有人向你保证，他们在互联网中所查到的所有职业信息全部是及时有效的。

在互联网上进行搜索时，技巧非常重要，可能会起到事半功倍的作用。比如人才测评人员可能被称为心理测量人员、测评顾问、职业测评人员等。所以，在搜索过程中关注同一职位的不同表达方式非常重要。

如果需要深入了解职业信息，最好找到相关职业的主流论坛。

3. 参观与访谈

（1）参观

一般来说，花几个小时甚至是一天时间直接参观工作场所，会使个人有机会去熟悉、观察工作，亲眼看一下实际生活中的工作是什么样子的，并借此结识业内人士。这一方式尤其适合于那些没有什么工作经验、对工作世界感到陌生的在校学生。职业规划师鼓励大学生自己去寻找机会——通过父母、亲戚或朋友联系安排这样的参观。通过参观，了解工作的性质、内容，并可以现场和员工交流，丰富对职业的认识。

（2）访谈

一般找一位以上从事相关职业的资深或至少工作 3 年以上的工作者，进行访谈。这种获取职业信息的方式，能为你的职业生涯规划提供实时、有效、丰富的资料，这有很多好处：通过与从事相关行业的人员交流，可以检验以前通过其他方式所获取的信息是否正确、及时；还能够了解到人们对于自己的工作有什么样的感受，而这些信息是在其他职业信息里所找不到的。

获取职业信息时的接触方式如图 3-1 所示。

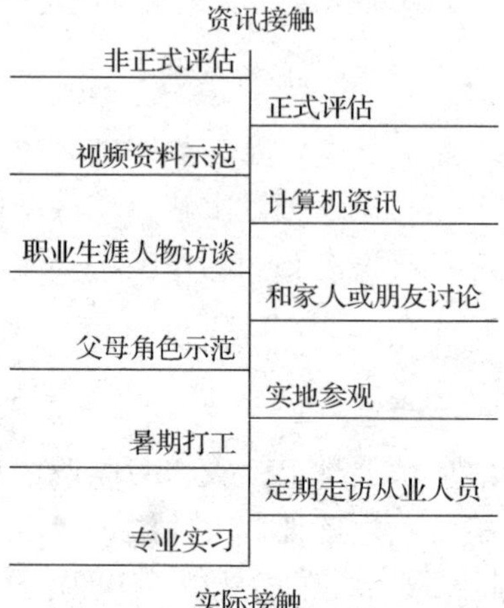

图 3-1 获取职业信息时的接触方式

3.4.4 职业生涯人物访谈流程

1. 自我认知

在访谈职业生涯人物之前，首先要自我认知。自我认知是对自己身心状态的认识、控制和评价。对自我个性进行合理评价，并调节自己的心理和行为、修正自己的过失与不足，确定信念和信仰，探索自己的人生之路。

（1）自我认知的内容

首先要从自己的容貌、身材、风度、健康等方面进行正确的认知和客观的评价；其次是要对自己在社会生活中的地位、名誉、财产及与他人相互关系进行正确的认知和评价，如别人是怎么看待我的，我的品德、才干能否得到用人单位公认和重视等。它对个人自信心的形成影响很大；最后是对自己的个性，如气质、性格、兴趣等内在精神因素进行认知和评价，也是自我认知的核心。

（2）自我认知的原则

大学生在认识自我、评价自我、接受自我的过程中应遵循以下原则。

① 客观性原则。大学生在认识自我时，要以客观事实为依据，尽量避免主观因素的影响。一般来讲，既要防止由于过度自卑而导致消极和悲观的心态，又要防止由于过分自尊而脱离实际的傲慢态度。

② 全面性原则。大学生在认识自我、评价自我时，应对自己做出整体认知和综合判断，不要片面、孤立、不分主次；同时，又要加强自身的综合素质，把自身放在社会对人才整体要求的系统中去认识与评判。只有这样，才能全面正确地

反映自己的整体素质状况，实事求是地认识自我、评价自我。

③ 发展性原则。大学生刚迈向社会的第一阶段可塑性最强，最容易挖掘潜能，是快速成长的时期。因此，大学生在认识自我的过程中要对自己的发展潜力做出适当的评估，要用发展的眼光来看自己，衡量自己在知识结构、工作兴趣、工作能力等方面会有什么样的发展，并把它作为选择职业的依据。这种预测性的认识自我在人生中十分重要，预测的准确性越高，职业选择就越准确，自我发展的空间就越广阔。如果缺乏这种预测性的自我评估，目光短浅只顾眼前，往往会走入职业选择的误区，对自己以后的发展也不利。所以，每个大学生都要用发展的眼光来审视自己、分析自己、评价自己，对自己的过去、现在和将来做出合理的定位。

④ 稳定性原则。青年时期大多数人还没有形成自己的稳定性形象，以致常常对已形成的自我发生动摇，常因一个小小的过失和他人的否定而心灰意懒，或因获得一次小小的成功得到他人的表扬而过分自傲。因此，大学生在评价自己时，要尽量避免情绪的波动导致自我评价的过度浮动。如果一个人对自己的评价忽高忽低，只能说明他情绪上的不成熟，这种忽高忽低的评价也会与现实的自我相差甚远。

⑤ 现实性原则。青年时期，大学生常处于理想和现实的矛盾中。理想自我是指希望自己将来成为怎样的人；现实自我是指我现在是怎样一个人，处于一个怎样的现实环境中。由于大学生涉世较浅，理想自我往往带有很强的幻想，实现的可能性较小。以理想自我去认识和评价现实中的自己，必然会产生理想自我与现实自我之间的矛盾。要想解决这些矛盾，就要立足于现实，紧紧把握住现实自我，减少理想自我对现实自我评价的负面作用，避免出现焦虑抑郁、自暴自弃、怨天尤人等心理困扰。

2. 寻找职业生涯人物

在完成了自我认知之后，就可以寻找职业生涯人物了。职业生涯人物可以是自己的亲人、老师和朋友，可以是他们推荐的其他人，也可以借助行业协会、大型同学录或某个具体组织的网页来寻找其他职场人士。

注意：职业生涯人物的职业应是自己向往的，每个职业领域的职业生涯人物中应既有初入职场的人士，也有工作了一定年限的中高层人士；正式访谈前，对职业生涯人物的信息掌握得越全面越好，姓名、职务和联系方式是必须要了解的，职业生涯人物曾经的演讲、曾写过的文章或者从大众传媒和单位网页上获得的信息要尽可能熟悉。

3. 拟定访谈内容

访谈内容：行业，单位名称，职业（职位），工作的性质、类型、主要内容、地点、工作时间、任职资格、所需技能、市场前景、行业相关信息、环境、强度、福利、薪酬、感受，以及员工满意度等。

4. 预约并实地采访

预约方式有电话、电子邮件和普通信件等，最好是电话预约。预约时首先介绍自己，然后说明找到他的途径、自己的采访目的、感兴趣的工作类型及进行采访所需要的时间（通常为30分钟左右），并确认采访的日期、时间和地点。

注意：联系前的准备要充分，电话联系时还应备好纸和笔，以备临时电话采访；联系时一定要有礼貌，时间要短。

访谈方式可以是面谈、电话访谈，最好是面谈。面谈前，采访者一般可以用已经从其他渠道了解的职业生涯人物的好消息轻松打开话题，之后就可以按设计好的问题开始访谈了。遇到职业生涯人物谈兴正浓时，采访者要乐于倾听，给职业生涯人物留出提供其他信息的机会。在访谈结束时，请职业生涯人物再给自己推荐其他相关的职业生涯人物，这样就可以继续拓展自己的职业认知领域。

5. 访谈结果分析

在一个职业领域采访3位以上的职业生涯人物后，用职业信息加工的观点来分析，对照之前自己对该职业的认识进行比较，找出主观认识与现实之间的偏差，确定自己是否适合这一职业领域，是否具备所需的能力、知识与品质，形成书面总结报告，进而详细制订大学期间的自我培养计划。如果访谈结果与自己之前的认识出现严重脱节，就有必要进入另一个职业领域开展新一轮职业生涯人物访谈。

温馨提示：

1. 访谈前要做好充分准备。
2. 访谈中要注意着装和仪表，态度要和蔼、大方；要文明礼貌，说话得体。
3. 要时刻注意安全问题，增强安全意识，提高防范能力，确保万无一失。
4. 尊重被访谈者，注意保护他们的信息安全和个人隐私。
5. 认真对待访谈，不走过场，真正通过访谈达到探索职业的目的，为个人的职业定向和职业选择做准备。

3.4.5 职业的变化

随着我国经济、社会文化和科学技术的发展，我国的产业结构将发生根本性的变化，而随着我国产业结构的变化，当代职业发展变化将有向细化发展的趋势。

1. 职业种类越来越多，分工不断趋于精细，职业间的差异不断加大，许多新兴职业应运而生

经济领域是集中职业种类和职位数量最多的社会领域。改革开放以来我国经济飞速发展，在经济发展的过程中产生了对各个行业人才的需求。目前，职业的种类已远远超过“三百六十行”。

职业种类的增多还要归功于现代科学技术的新发展、社会经济的发展、一些边缘科学的开发、社会服务的变化，以及社会政治体制及管理的变化。

2. 未来职业的专业性、技术性、功能性特点越来越强

知识是人类实践活动和思维成果的结晶，是人类文明得以发展和延续的基础，是人类改造自然和社会的强有力的工具。对求职者而言，知识的积累是成才的基础和必要条件。但知识数量的多寡并不能完全代表一个人真正的智能水平，因此求职者应把知识转化为专业技术。

随着我国社会主义市场经济体制的建立和不断完善，社会人才观及人才模式也发生了巨大变化，社会对未来人才知识的综合性结构提出了更高的要求，要求求职者不仅能够成为领域内具有专业知识和技能的专门化职员，还能够突破专业限制，成为掌握多种知识和技能的高素质复合型人才，更应当具有良好修养，成为对社会和单位负责的合格公民。技能短缺确实阻碍经济增长、生产力发展和技能革新；低技能约束着技术革新速度，而且约束着采用更有生产力的劳动组织，因此未来职业的专业性、技能性、功能性特点越来越强。

3. 未来职业中体力劳动类职业与各种职业中的体力成分显著降低，而逐渐被脑力劳动或创意性工作所代替

科技进步给职业发展带来巨大冲击，现代科技的发展带来了许多新技术、新产品和新工艺，这些新技术、新工艺的研究、开发、应用必然导致部分职业的新旧更替。比如电子计算机技术的发展使得电报发报、电话接线、机械打字等当时的传统职业逐渐走向末路，但随之而来的电子通信网络服务，计算机保安，以及计算机制造、调试、维修、设计、培训等新职业却破土而出。因此，科技发展使职业发展呈现出以下特点：脑力劳动职业发展速度越来越快，体力劳动职业将越来越少，信息时代社会产业结构的变化将不断加剧，这使得一部分职业兴旺，而

另一部分职业被淘汰，也使得人们在职业间的流动性显著增强，结构性失业问题会越来越多。

信息对人们的职业发展具有不可估量的价值，它是现代社会个人或组织赖以生存的基础性资源，信息不仅是知识的传载体，也是机遇的化身。信息隐含着许多机遇信号，要想谋取理想的职业岗位，充分发挥职业才能，这不仅取决于学识技术能力和社会经济需求等因素，也取决于求职者能否掌握足够的职业信息。

现代信息科学技术不仅极大地推动着社会生产力和经济的迅猛发展，也为信息传播创造了优越的条件。人们每天都在通过各种渠道接收大量的信息，现实存在的职业信息告诉我们社会经济生活和职业发展的真实面貌。通过职业信息，人们可以从实际出发看待个人的发展方向，调整个人的职业专业学习内容，有利于合理地调整职业方向，从而避免因信息时代职业变化过快而发生的结构性失业。

4. 未来职业不再仅仅把人作为一种“工具”，它越来越注重发挥人的智力和潜能，在创造社会财富的同时也促进人类自身的发展

现在的企业要想保持竞争力并占有市场，必须不断改进产品，提供全面周到的服务。领导不再欢迎那种可有可无的职员，企业也没有多余的钱去养一些没有头脑、每天只会眼巴巴看着薪水的人。时间就是效益，创造就是价值，现代企业只喜欢那些灵活能干、有创意、会解决新问题等对企业有价值的脑力劳动者。职业教育明显提高了个人收入，在部分发展中国家，在其他条件相同的情况下，平均提高 1 年额外教育，个人月收入可提高 5%，这也说明了人的智力和潜能得到开发后将更容易被企业接受。

5. 从就业行业来看，未来最有前途的是服务性行业

服务性行业是随着经济发展而得到发展的一个行业，经济越发达，服务性行业就越兴旺。而且，世界经济在飞速向前发展，这必将带动服务性行业的发展，而服务性行业又是劳动密集型行业，它的发展必将带动我国农村劳动力的就业。

21 世纪劳动力市场需要的不再是只懂得遵守纪律的生产线工人，而是有主见、独立的员工，能承担风险的企业家，并且在全球化和技术进步的背景下，能不断汇聚新出现的专业技能的技术人才。在对技能的需求方面，劳动力市场对常规及非常规动手能力，以及常规认知的需求降低，而对非常规分析和沟通能力的需求增加。并且，还要具备创造力和创新技能、批判性思维、信息和通信技术、交流与工作能力、伦理和社会责任感等新能力。

总之，无论哪个行业领域，技术性工作者都将成为 21 世纪社会的主体，各类技术人员将支撑起各自所在的行业，一旦没有了他们，这些行业就要衰落，相关的职业也会消失。

传统职业生涯信念与新生职业生涯信念最大的区别在于：前者认为组织应当为员工的职业生涯发展负责；而后者认为员工应当为自己的职业生涯负责。在传统的职业生涯信念中，员工是从属于组织的，组织应当像父母一样照顾员工，同时员工应当以组织为家，以组织利益为第一，以被组织认可获得升职为成功。在新生职业生涯信念中，组织和员工的关系更像是合作者，组织向员工提供横向的职业发展，而员工接受新的工作或项目时能够不断学习新的技术与知识，以适应组织的需要，同时提升自己的专业能力和就业竞争力。新生职业生涯信念是经济和技术快速发展的产物，日趋激烈的竞争要求企业有更灵活和快速的适应能力，因此组织更愿意采取一种期限更短、双方承诺更少的“交易型”心理契约。在这种契约下因为雇佣的不稳定性、竞争的不确定性，员工更需要为个人的职业生涯规划负责，以便能够控制机会和主导个人的发展。新生的职业生涯信念提醒大学生应更主动地为自己的职业生涯规划负责，以新视角来看待职业生涯规划，无论在哪个组织中工作都应注意培养个人就业竞争能力，以更积极地把握个人的发展。传统职业生涯信念与新生职业生涯信念之间的比较见表 3-2。

表 3-2　传统职业生涯信念与新生职业生涯信念之间的比较

传统职业生涯信念	新生职业生涯信念
重视忠诚和工作任期 1. 接受工作稳定的职业生涯模式 2. 忠诚于公司，公司将以延长工作任期作为奖励 3. 经常需要个人为公司利益做出牺牲	**重视承诺和绩效** 1. 接受实现个人理想的职业生涯模式 2. 忠诚于增强信心的理想，人生的价值是做出贡献和适应新的要求 3. 认为团队协作和彼此忠诚是重要的
成长 1. 成长就相当于晋升 2. 逐级晋升就等于成功	**成长** 1. 成长与个人发展和人生意义相关，尤其要扩大知识面、提高技能水平 2. 从事个人认为有意义的活动就等于成功
员工发展 1. 组织重视员工发展 2. 个人重视组织所提供的职业生涯机会，通过获得组织认为重要的技能寻求保障 3. 组织对员工的职业发展负责	**个人发展** 1. 组织重视个人发展 2. 最成功的工作环境会鼓励员工不断学习和进步 3. 个人对自己的职业发展负责
绩效 1. 个人保障与受雇时间有关 2. 个人应该在同一家单位长久供职	**暂时性** 1. 个人保障与个人能力和适应性挂钩 2. 个人可能不在同一家公司长久供职
组织模式 组织相当于一个小家庭：“妈妈和爸爸”（高级管理人员）会照顾我们	**组织模式** 组织相当于一个大家庭：重要的是伙伴关系和关系网络，服务是共享的
组织体制 以职位等级为基础，由具体的工作组成	**组织体制** 以要做的工作为基础，由合同、联盟和网络组成

3.5 案例分享

一位刚毕业的女大学生到一家大型民营公司应聘财务会计工作，面试时遭到拒绝，因为她太年轻，公司需要有丰富经验的资深会计人员。然而，女大学生却没有泄气，一再坚持。她对主考官说："请给我一次机会，让我参加完笔试。"主考官同意了。结果，她通过了笔试，由人事经理亲自复试。

人事经理对这位女孩颇有好感，因为她的笔试成绩最优。但是她没有工作经验这一点，让人事经理有些失望，女孩唯一的工作经验是掌管过学生会的财务。他们不愿意找一个没有工作经验的会计人员。人事经理敷衍道："如有消息，我会打电话通知你。"

女孩从座位上站起来，向人事经理点点头，从口袋里掏出一块钱，双手递给人事经理说："不管是否录用，请麻烦都给我打个电话。"

人事经理有点愣住了，之前没有遇到过这种情况。他回神问道："你怎么知道我不会给没有录用的人打电话？"

"您刚才说有消息就打，我是否可以理解为，没有录用，您就不会打了？"

人事经理对这个女孩产生了浓厚的兴趣，说："如果没有被录用，我打电话，你最想知道什么？"

女孩说："请告诉我，我有哪些地方没有达到你们的要求，我在哪些地方还不够好，我可以改进……"

"那一块钱是什么意思？"

"给没有被录用的人打电话不属于公司的正常工作开支，所以我付电话费，请您一定打。"

点评：你知道结果怎么样吗？为什么？请阅读表 3-3 不同企业对人才的要求，可以做更深层次的思考。

表 3-3　不同企业对人才的要求

企业类型	对人才的要求
欧美企业	完善的知识结构和工作能力、良好的语言表达和沟通能力、敬业精神和进取精神、优秀的人格品质、团队合作、实干精神、正直、领导能力、幽默感
日资企业	时间观念、等级和人际关系、外语、团队合作能力、诚信意识和职业操守、稳定性
国有企业	忠诚和踏实、专业能力、个人情况、程式化、态度取向
民营企业	沟通能力，思维敏捷，创新能力，从基层做起，"通才"而非"专才"，良好的敬业精神

3.6 拓展体验

3.6.1 选择大公司还是小公司

阅读表3-4，读完后思考是选择大公司还是小公司。

表3-4 大公司与小公司的区别

大公司	小公司
管理规范，培训体系成熟	管理不规范，没有系统的培训体系
发展平稳，有章可循	挑战较大，更多依赖个人的自我成长和潜力
十年之后做到相当的位置，拿比较高的收入，猎头也会经常联络	十年后公司发展好，个人将有很高的位置，拿相当高的收入；如果公司发展不好，个人可能一直不会发展起来

思考：

其实在工作中，充满了这样的选择，比如选择大城市还是小城镇？可以在大城市找一份不稳定、目前也不是很理想的工作，但是未来学习发展的机会可能很多；也可以回到家乡小城镇有个待遇不错且稳定的工作，但是将来的发展前景非常有限，缺乏挑战性。其实，没有哪一种工作能完全满足你所有的需要，所有工作都有其局限性。你就是在这种两难的选择中，越来越清楚自己需要什么，从而调整自己的目标。

3.6.2 工作选择多样化

1）头脑风暴一：有哪些工作形式是我们可以选择的？

____

____

____

拓展阅读：

1. 全职工作： 连续为同一雇主工作，每周工作40或40个小时以上，相对有保障和稳定。

2. 兼职工作： 是这些年发展很快的工作形式，兼职工作者每周为同一雇主工作的时间不足40小时。他们通常没有把工作报酬作为生活的主要来源，而是为赚取额外的收入去考虑工作。虽然收入不一定高，不一定稳定，但对于想继续读书，又受限于一定经济条件的学生来说，是很好的增长社会经验的途径。

3. 多重工作：一个人兼有2个或2个以上的工作角色。除了“有规律的”全职工作以外，另外兼职一份工作，或者自己经营企业，或者为2个或2个以上雇主工作。他们喜欢灵活性、变化性和多样性的工作环境，愿意不断更新技能，但有可能精力有限，遇到角色冲突。

4. 自由职业：是目前比较受追捧的“自雇”的工作形式，比较自由、开放；但是，自由职业相对风险较大，选择这种工作方式的人要具有良好的心理安全感、自我管理能力和自信心。

5. 自我创业：做一个企业家，也是一种工作形式。企业家既是企业主，也是运营官，特点是要雇用其他人一起经营企业，具有高风险、高回报的性质。企业家重视独立、刺激和成功，能容忍不确定的状态，具有控制内在因素的特质。为了取得成功，他们的信仰必须和他们的目标保持一致，永不放弃。

2）头脑风暴二：上述拓展阅读中介绍的这几类工作类型，在你的生活中有相关的典型人物吗？可以说说他们选择的工作形式及其中的酸甜苦辣。

3.6.3 你的降落伞是什么颜色

1）阅读《你的降落伞是什么颜色》（作者：理查德·尼尔森·鲍利斯）这本书。

2）理解下列语句的意思：

① 我们这个时代的麻烦就是将来不会是过去那个熟悉的模样。

② 幸福的关键是发现自己适合做什么并确保有机会去做。

③ 变化是生活的一部分。我们的决定很可能不会持续一生，而需要不断调整和变化才能保持满足感。你需要学会应对工作中的变动，而不是去逃避它。

3.6.4 生涯人物访谈提问练习

1）在这个工作岗位上，每天都做些什么？

2）这项工作需要什么样的人才？

3）到这个领域工作需要的基本前提是什么？

4）这项工作需要特别的知识、技能和经验吗？

5）这项工作需要什么样的教育背景或培训？

6）什么样的个人品质或能力对这项工作的成功是重要的？

7）您认为这个工作领域的发展趋势是什么？

8）您认为将来这个领域潜在的不利因素是什么？

9）就您的工作而言，您最喜欢什么？您不喜欢什么？

10）这项工作的哪部分让您最满意，哪部分最有挑战性？

11）对于一个即将进入该领域的人，您愿意为我提一些建议吗？

12）您是怎么找到这份工作的？

13）公司会为刚进入这个领域的员工提供哪些培训？

14）此领域初级职位和高级职位的薪水大概是多少？

15）这项工作采取工作行动和解决问题的自由度如何？

3.7 动脑小测

1．不属于中国劳动力市场现状的是（　　）。

A．劳动力总量过剩

B．没有技术意味着没有工作

C．培训和再教育只限于在校学生

D．多种工作形式选择

E．全球化的经济环境

2．获取职业信息的途径，属于静态接触的是（　　）。

A．参与专业协会

B．进行社会实践

C．职业生涯人物访谈

D．查阅出版物

3．对具体行业的了解和评估包括（　　）（多选）。

A．国家政策对行业发展的影响

B．行业对人才的需求

C．行业内标杆企业的动向

D．行业内薪资的走向

4．探索职业世界的作用是（　　）（多选）。

A．促进正确的职业生涯决策

B．进一步认识和了解自己

C．培养和提升大学生能力

D．预测未来发展

5．通常我们说的“白领”，是指（　　）。

A．从事脑力劳动的人

B．从事体力劳动为主的人

C．从事维修工作的人

D．从事服务性工作的人

答案：C、E、ABCD、ABCD、A。

3.8　我的生涯时光

日期：

本周生涯主题（可以从学习、交友、社团、实践、自我管理等方面进行自我设定）。

1．____________________

2．____________________

3．____________________

本周生涯力量（如给我支持的人、最快乐的事情、最有成就感的事情等）。

1．____________________

2．____________________

3．____________________

4．____________________

5．____________________

6．____________________

本周生涯自评（请在相应分数上打钩，1 代表最低，10 代表最高）。

快乐度：1　2　3　4　5　6　7　8　9　10

充实度：1　2　3　4　5　6　7　8　9　10

幸福感：1　2　3　4　5　6　7　8　9　10

本周生涯评价（请记录最有感触的一句话）。

____

项目4

职业决策

4.1 项目目标

职业决策是职业生涯规划中的前导部分，决策制订得可行性与否，直接决定着职业生涯规划是否成功。

◇ 了解职业发展决策知识点。

◇ 思考并改进自己的决策模式。

◇ 将决策技能应用于职业生涯规划。

4.2 项目描述

回顾自己人生曾做过的某个重大决定，分析自己的决策风格。通过学习决策平衡单、SWOT 分析等决策模型，掌握科学决策的方法，尝试为自己的生涯做出合理决策。

4.3 项目环节

4.3.1 环节一：反思个人的决策风格

请回想迄今为止，你在生活中所做的五个重大的决定，并按以下几个内容予以描述：目标或当时的情景、你所有的选择、你做出的选择、你的决策方式、对结果的评估。

想一想：你如何描述在上述几项中的决策风格？它们有共同之处吗？当你做一番回顾的时候，你有没有想过自己通常采用了什么样的决策风格？可以结合“4.4.3 职业决策的风格”进行分析。

我的五个重大决定：

我在重大决定中通常采用的决策风格：

4.3.2 环节二：CASVE 循环

CASVE 循环属于计划性决策，有沟通（识别问题的存在）→分析（考虑各种可能性）→综合（形成选项）→评估（对选项排列顺序）→执行（采取行动解决问题）5 个环节。

结合环节一中的 5 个重大的决定，以及你现在面临的职业决策问题（如是否专升本、是否兼职等），回答以下问题。

1）你是否了解自己的需求？

2）你是如何分析所面对的重大决策问题并收集相关信息（包括关于你自己和关于问题解决的信息）的？

____

____

____

____

3）你是如何形成解决方案的？

____

____

____

____

4）你是如何在不同的解决方案之间做出选择的？你的选择标准是什么？

____

____

____

____

5）你是如何落实行动的？过程是否如你所预期的那样？

____

____

____

____

6）你怎样评价自己当时的决策过程？你对结果感到满意吗？如果不满意，是哪个环节出了问题？

____

____

____

____

7）如此分析了5个重大决定的过程之后，你对自己的决策模式有了什么新的了解？这对你处理现阶段的职业决策问题有什么指导意义？

____

____

____

____

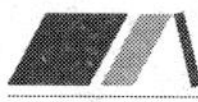

4.3.3 环节三：评估并做出你的决策

（1）学习决策平衡单并对当前的一个决策做出评估

假定你快要毕业了，你有两个选择：一是创业；二是去一家企业工作。现在，请你利用决策平衡单来决策对自己比较有利的选择。

1）第一步：列出这两种选择的有利点和不利点，概括出自己考虑的项目，填入表 4-1。

表 4-1 决策平衡单（一）

考虑方向	创业	企业就业
有利点		
不利点		
个人考虑		
相关他人考虑		

2）第二步：把这些考虑的利弊点填入表 4-2 中的“考虑项目”中；根据自己情况，给出得分和失分，计算加权分和最终的得失差数，做出选择。

表 4-2 决策平衡单（二）

考虑项目（加权范围 1～5 倍）	创业				企业就业			
	得（+）		失（-）		得（+）		失（-）	
	原始分	加权分	原始分	加权分	原始分	加权分	原始分	加权分
1.								
2.								
3.								
4.								
5.								
6.								
7.								
8.								
合计								
得失差数								

注：使用决策平衡单的目的不仅在于得出最后的排序结果，填写的过程中要仔细思考和反复推敲，这个就是反思的过程。

（2）学习 SWOT 分析法并进行决策评估

SWOT 分析法见表 4-3。

表 4-3 SWOT 分析法

<table>
<tr><td rowspan="2">内部个人因素</td><td>个人优势</td><td>个人劣势</td></tr>
<tr><td>你可以控制的、利用的内在积极因素
你最优秀的品质、你的能力体现在哪些方面
你曾经学习了什么、曾经做过什么
最成功的方面是什么</td><td>你可以控制并努力改善的内在消极因素
我性格有什么弱点
经验或者经历上有哪些缺陷
最失败的是什么</td></tr>
<tr><td rowspan="2">外部环境因素</td><td>环境机遇</td><td>环境威胁</td></tr>
<tr><td>你不可以控制，但可以利用的外部积极因素
社会环境对你的发展目标的支持
地理位置优越及专业发展带来的机会
就业机会增加</td><td>你不可以控制但可以弱化的外部消极因素
名校毕业生的竞争者
同专业的大学生带来的竞争</td></tr>
<tr><td colspan="3">你自己真实的“卖点”：</td></tr>
<tr><td colspan="3">总体鉴定：评估你制订的职业发展目标</td></tr>
</table>

4.3.4 环节四：决策流程走一走

以完成决策流程非常重要的分析评估部分为基础，继续学习动态调整部分。回顾自己曾做的一些重要决策，你做到了什么？还可以有哪些改进？

成形：是指在上述环节的基础上进行具体的定向。主要考虑所确定的职业生涯方向的价值、目的和能够获得的报酬等因素。

选择：是指分析、考虑并初步选择和确定具体的职业目标。

澄清：是指在初步选择的基础上，从多方面自我质疑，最终确定好具体的职业目标。

就职：是指按照既定职业目标实施，走上工作岗位。

坚定或更正：包含着两个层面的意思，一是如果所选择的职业目标是正确的，那就坚定地走下去，努力走出点名堂来；二是如果所选择的职业目标是部分不正确或完全错误的，那就适时更正，重新选择更合适的、正确的职业目标。

总结提高：不论对与错，都要不断地自我总结，积累职场智慧，丰富精彩人生。

总结：可能有人会觉得“我想要满足的项目太多”或“我想选择的职业太多”，怎么办？那就按重要程度排序，将这些“想要满足的项目”或“想选择的职业”依次排列好，然后取最重要的1～6项，这样就很少出现决策错误的情况。

4.4 知识点拨

4.4.1 职业决策的概念

职业决策又称为职业生涯决策或职业决定，它有广义和狭义之分，广义的职业决策是指一个完整职业规划的过程；狭义的职业决策是指职业规划过程中的一个环节。

4.4.2 职业决策制订的方法

1. 制订职业决策需要结合自己的特长

职业生涯能够成功发展的核心，就在于所从事的工作要求正是自己所擅长的。如果一个人性格内向、不善于与人沟通，没有很好的交际意识，那么这个人就很难成为一名成功的管理人员。制订职业决策一定要认真分析自己的优缺点。

从事一项自己擅长的并喜欢的工作，工作会很愉快，也容易脱颖而出。这正是成功的职业决策的核心所在。

2. 要考虑实际情况且有可执行性

很多大学生刚开始时雄心壮志，一心想着出人头地。实际工作中，有时确实会存在一定跨越，但是更多的时候却是一种积累的过程——资历的积累、经验的积累、知识的积累，所以职业决策不能太好高骛远，要根据自己的实际情况和社会情况，一步一个脚印，层层晋升，最终方能成就梦想。

3. 职业决策必须有可持续发展性

职业决策不能制订一个阶段性的目标，应该制订一连串的、可以贯穿自己整个职业发展生涯的长远目标。如果职业决策的目标过于短浅，后面又没有后续职业决策点支撑，肯定会使人丧失奋斗的热情，且不利于自己长远发展。

影响一个人理性职业决策的因素，有自己的性格、特长和兴趣等内部个人情况；还有一些具体的外部环境情况，比如我们的专业、我们所从事的行业、该专业和行业在市场上的发展情况和前景等。事实上，一个人的耐心程度与细心程度对一个人的职业决策影响是相当大的，一个没有足够的耐心和细心的人，不管制订什么样的职业决策都是无效的。

4. 参考借鉴他人职业决策

我们的父母、邻居、老师，以及社会里你知道的知名人士，不管是谁，不管是成功还是失败，对于我们职业决策的制订其实都是可借鉴的，比如说林肯、张瑞敏、张海迪等。我们要了解他们成长的历史，去看看他们为什么成功，去了解他们为什么失败，这对我们的职业决策的制订是有着极大的帮助的。从某种程度上看，他们的人生轨迹较理性，这就是我们要借鉴的人生轨迹。只是，我们应该借鉴其中的优点，并把我们的喜好、兴趣、特长组合起来，制订出最适合我们的职业决策。

不管什么人，不管制订什么样的职业决策，都不能够生搬硬套，哪怕你所选择的人和所选择的模型跟你一模一样，都不可以完全照搬使用。事实上，世界上本身就不存在相同的两个人，自然也不存在相同的职业决策。

4.4.3 职业决策的风格

1. 职业决策风格“三分法”

著名职业生涯规划学者哈瑞恩经研究认为，大部分人的职业决策方式可以归纳为以下3类。

（1）理性型

这种类型崇尚逻辑分析，往往在系统地收集了足够的自我和环境信息的基础上，权衡各个选项的利弊得失，按部就班地做出最佳的决定。

（2）直觉型

这种类型是以自己在特定的情景中的感受或者情绪反应，直接做出决定。这种风格的人做决定全凭感觉，比较冲动，很少能系统地收集相关信息，但他们能为自己做出的决定负责。

（3）依赖型

这种类型的人常常是等待或者依赖他人为自己收集信息，然后再做出决定，比较被动和顺从，做出决定时十分注重他人的意见和期望。他们以社会赞许、社会评价和社会规范作为做出决定的标准。

2. 职业决策风格“五分法”

美国职业生涯规划专家斯科特和布鲁斯认为，决策风格是在后天的学习经验中逐渐形成的，他们将决策风格划分为以下5种类型。

（1）理智型

这种类型的人以周全的探求，对选择的逻辑性评估为特征。理智型的决策者具备深思熟虑、善于分析、逻辑清晰的特性。这类决策者会评估决策的长期效用并以事实为基础做出决策。理智型决策风格是比较受推崇的，强调综合全面地收集信息、理智地思考和冷静地分析判断，是其他决策风格的个体需要培养的一种良好的思考习惯。但理智型的决策风格也并不是理想的、完美的决策方式，即使采用系统的、逻辑的方式，也会出现因为害怕承担决策的后果而不能整合自己和他人重要观点的困扰。

（2）直觉型

这种类型的人以依赖直觉和感觉为特征，比较关注内心的感受。直觉型的决策风格以自我判断为导向，在信息有限时能够快速做出决策，当发现错误时能迅速改变决策。由于以个人直觉而不是理性分析为基础，这类决策发生错误的可能性较大，因此易造成决策不确定性，容易丧失对直觉型决策者的信心。

（3）依赖型

这种类型的人以寻求他人的指导和建议为特征。依赖型的决策者往往不能够承担自己做决策的责任，允许他人参与决策并共同分享决策成果，会受到他人的正面评价，但也可能因为简单地模仿他人的行为导致负面影响。依赖型的决策者需要理解生活中重要的人对自己的影响程度。

（4）回避型

这种类型的人以试图回避做出决策为特征。回避型的决策风格是一种拖延、不果断的方式。面对决策问题会产生焦虑的决策者，往往因为害怕做出错误决策而采取这样的决策风格。往往是由于决策者不能够承担做决策的责任，而倾向于不考虑未来的方向，不去做准备，不知道自己的目标，也不思考，更不寻求帮助。这样的决策者更容易受到学校等支持系统的忽略。所以，具有此种职业决策风格的大学生需要意识到自身的决策风格及其可能造成的危害，努力调整，增强职业生涯规划的意识和动机，从而在根本上得到帮助。

（5）自发型

这种类型的人以渴望即刻、尽快完成决策为特征。自发型的个体往往不能够容忍决策的不确定性，以及由此带来的焦虑情绪，是一种具有强烈即时性，并对快速做决策的过程有兴趣的决策风格。自发型决策者常会基于一时的冲动，在缺乏深思熟虑的情况下做出决策，此类决策者通常会给人果断或过于冲动的感觉。

3. 职业决策风格“八分法”

著名学者丁克赖吉根据人做决策的不同行为特征，把职业决策分为以下 8 种类型。

（1）延迟型

这种类型的人知道问题所在，但是经常迟迟不做决定，或者到最后一刻才做决定。

（2）宿命型

这种类型的人自己不愿做决定，把决定的权利交给别人或者命运，认为做什么选择都是一样的。

（3）顺从型

这种类型的人自己想做决定，但是无法坚持己见，常会屈从权威的决定。

（4）麻痹型

这种类型的人害怕做决定所导致的结果，也不愿意负责，选择麻痹自己来逃避做决定。

（5）直觉型

这种类型的人根据感觉做决定，大多数情况下只考虑自己的直觉而忽视外在的因素。

（6）冲动型

这种类型的人不愿意思考太多，往往基于第一想法做出决定。

（7）犹豫型

这种类型的人考虑过多，在诸多选择中无法做决定，常常处在痛苦地挣扎状态中。

（8）计划型

这种类型的人做决定时既倾听自己内在的声音，也考虑外在的环境要求，以做出适当的决策。

4.4.4 职业决策方法

要做出正确的职业决策，个体首先要获取大量的有关自身和职业选择的信息与知识。但是，仅仅知道如何在决策情景中使用这些信息和知识仍不能做出正确的决策，还需要了解和掌握职业决策的方法与技巧。在职业决策中，最常用的方法与技巧主要有以下 4 种（前面简要介绍了决策平衡单和 SWOT 分析法，这里进行详细介绍）。

1. SWOT 分析法

在充分认识自我、了解职业和环境之后，还应评估各种因素对自己职业生涯的影响，判断自己的兴趣、爱好、特长、性格、气质与能力等是否适合当前的环境。要进行如此复杂的分析和评估，就需要强大的评估工具，SWOT 分析法是最为常用的一种分析评估方法。

SWOT 分析法是在市场营销管理领域被广泛使用的强大分析工具。它是由美国旧金山大学管理学教授韦里克于 20 世纪 80 年代初提出来的，主要用来帮助决策者在竞争环境中制订适合企业发展的竞争战略，现在被引入到职业生涯决策中。在职业生涯规划问题上，我们每个人都是自身发展的决策者，SWOT 分析法同样可以发挥有效的指导作用。SWOT 分析法中的 S 代表优势（Strength），W 代表劣势（Weakness），O 代表机遇（Opportunity），T 代表威胁（Threat），其中 S、W 是内部因素，O、T 是外部因素。通过 SWOT 分析法，我们就能很容易地知道自己的优势和劣势在哪里，并且可以详细地评估出自己所感兴趣的不同职业道路的机遇和威胁所在。在运用 SWOT 分析法对职业生涯机会进行评估时，应按照以下步骤进行。

（1）分析自己的优势和劣势

随着社会分工的进一步细化，职业的分类也越来越细，已没有人能成为“百科全书式”的人才，每个人都会有自己突出的优势和才能，也都会有不足和劣势。例如，有的人喜欢与人交往，不希望从事单调的工作；而有的人则不擅长与人交流，喜欢一个人在实验室里做研究工作。

为了分析自己的优势和劣势，可以制作一个表格，列出喜欢做的事情和优势，同时也列出不喜欢做的事情和劣势。需要注意的是，找出劣势与发现优势同等重要，因为在此基础上可以有针对性地进行弥补和提高，也可以放弃那些自己不擅长的职业领域。

（2）找出外部机遇和威胁

社会环境时刻在发生变化，在变化的环境中，有些因素是机遇，有些因素则是威胁。当然，不同的行业、职业和职位面临的机遇和威胁也不同。只有准确地找出这些外部因素，才能做出正确的决策。例如，如果选择的行业最近几年不景气，那么它可以提供的工作职位自然比较少，升迁机会也就较少，因此在进行职业决策时要予以充分考虑；相反，充满了许多积极的外部因素的行业将为求职者提供广阔的职业前景。

（3）构造 SWOT 矩阵

将分析和调查得出的各种因素，包括自己的优势和劣势及外部的机遇与威胁，根据轻重缓急或影响程度等排序方式，构造 SWOT 矩阵（图 4-1）。在此过程中，将那些对职业发展有直接的、重要的、大量的、迫切的、久远的影响因素优先排列出来，而将那些间接的、次要的、少许的、不急的、短暂的影响因素排列在后面。

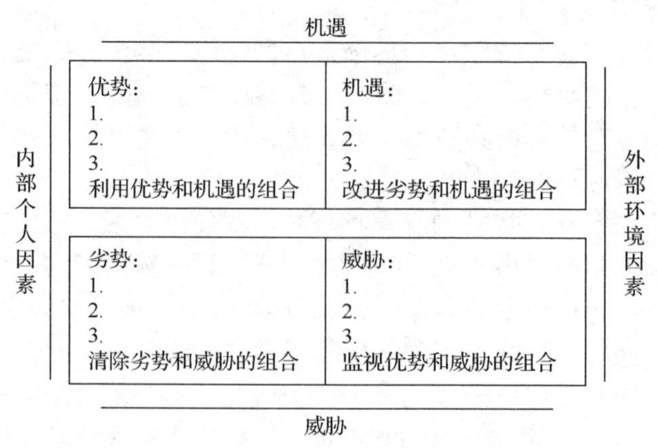

图 4-1　SWOT 矩阵

（4）制订行动方案

在完成影响因素分析和SWOT矩阵的构造后，运用系统分析的方法，把各种因素相互匹配起来加以分析就可以从中得出一系列相应的结论（如对策等），然后便可以制订出行动方案。制订行动方案的基本思路是：发挥优势因素，克服劣势因素；利用机遇因素，化解威胁因素；回顾过去，立足当前，着眼未来。

2. “5W”法

在职业生涯规划与职业决策中，“5W”法是一种简单易行的方法。“5W”法是一种归零思考，依托的是归零式的模式，从问“自己是谁”开始，如果能够成功回答完5个问题，就有最后答案了。

5个“W”的含义是：我是谁（Who am I）、我会做什么（What will I do）、我能做什么（What can I do）、环境允许我做什么（What does the situation allow me to do）和我的职业生涯与生活的规划是什么（What is the plan of my career and life）。从某种意义上说，回答完这5个问题，也就基本上完成了职业决策和职业生涯规划。

3. 卡茨模式

在面临两个及两个以上职业选择时，卡茨模式是最简单易行的决策方法，它主要以职业决策方块作为工具。使用卡茨模式进行职业决策一般遵循以下几个步骤。

1）选择供决策的2～3个职业。

2）针对每个职业的回报进行优、良、中、差评价。

3）要充分考虑价值满足程度、兴趣一致程度、擅长技能的施展空间等因素。

4）对每个职业的成功机会进行优、良、中、差衡量，包括工作能力、必需的准备及职业展望等。

将每个职业在“回报”和“机会”两个维度的结果呈现在职业决策方块上，如图4-2所示，回报与机会乘积最大的职业具有最大的期望价值。

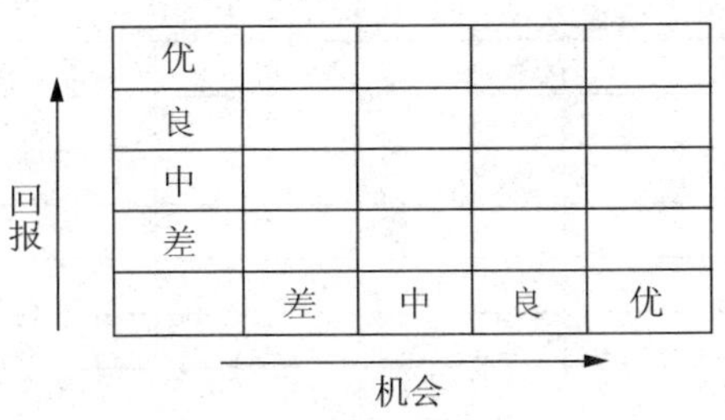

图4-2 职业决策方块

4. 决策平衡单分析法

许多时候，个体会有多种选择方案而不知道如何取舍，这时就可以考虑使用决策平衡单分析法。决策平衡单分析法可以帮助大学生具体地分析每一个可能的选择方案，考虑各种方案实施后的利弊得失，最后排定优先顺序，择一而行。

著名职业生涯规划辅导专家金树人认为，决策平衡单的 4 个维度的内容组成为：“自我”“他人”“物质”“精神”。在“自我-精神”部分所要考虑的因素包括能力、兴趣、价值观、心理需求（自尊、自我实现）、生活方式的改变、成就感、自我实现的程度、兴趣的满足、挑战性、社会声望的提高、发挥个人的才能等；在“自我-物质”部分所要考虑的因素包括升迁机会、工作环境的安全、社会地位、工作发展前景、工作内容、休闲时间、生活变化、对健康的影响、足够的社会资源、培训机会；“他人-精神”部分所要考虑的因素包括父母、师长、配偶、家人的支持等；“他人-物质”部分所要考虑的因素包括家庭经济收入、择偶及建立家庭、与家人相处的时间、家庭的地位等。

在利用决策平衡单分析法进行决策时，首先要根据决策平衡单从 4 个方面给全部备选项进行评分，每个项目得分一般在 1～10 分之间，表格样式见表 4-4。

表 4-4 决策平衡单样式

	正面的预期（+）	负面的预期（-）
“自我-物质”方面的得失		
“他人-物质”方面的得失		
“自我-精神”方面的得失		
“他人-精神”方面的得失		

在给全部备选项评分后，要对各个考虑项目设定加权系数，并计算总分。在各备选项中得分最高的就是最优选择。决策平衡单加权计分表见表 4-5。

表 4-5 决策平衡单加权计分表

	选择（一）		选择（二）		选择（三）	
	有利（+）	不利（-）	有利（+）	不利（-）	有利（+）	不利（-）
“自我-物质”方面的得失						
“他人-物质”方面的得失						
“自我-精神”方面的得失						
“他人-精神”方面的得失						
总分						

需要注意的是，运用决策平衡单分析法进行决策时，考虑项目可以从 4 个维度任意设置，将众多因素具体化。一般来说，普通的职业决策平衡单会列出 12 个考虑项目，分别是适合自己的能力、适合自己的兴趣、符合自己的价值观、满足自己的自尊心、较高的社会地位、带给家人声望、符合自己理想的生活形态、优厚的经济报酬、足够的社会资源、适合个人目前处境、有利择偶以建立家庭和未来有发展性。

4.5 案例分享

新学期伊始，我的一个学生来到我办公室，愁容满面地说："吴老师，今年我大四了，同宿舍的同学多数都在准备考研，我父母也主张我考研。我原来准备报考公务员，后来听师姐说考公务员竞争比考研还激烈，基本上没有希望。我现在不知道是考研还是找工作，考研的话，报哪个学校，考什么专业？"我用了一个小时的时间了解了她的情况后，为她提了几条原则性的建议，最后告诉她："大主意还要你自己拿。"这位同学对我的回答很不满意，她说："吴老师，为这事我已经犯愁好几天了，您就说，如果是您，您会怎么办吧。"没有办法，我告诉她："你考研吧！你考××学校，××专业吧。"

虽然她接受了我的建议，虽然她学习很用功，考上研究生的希望也很大，但我每次在考研自习室门前遇到她时，心里都挺难受的，因为我用一个小时的时间为一个处在紧要之处的年轻人做了一个可能影响其一生的重要决定。

2008～2010 年我在招生就业处工作，每年上半年咨询最多的是家长，问得最多的问题是"你说，我小孩报什么专业好？"；下半年咨询最多的是毕业生，问得最多的问题是"你说，我是找工作，还是考研或考公务员？我是回老家工作，还是去××城市工作？"

有时我也在反思自己。2005 年我硕士毕业的时候，面对多项选择：回老家工作，女朋友高兴（守着她的父母）；报考公务员，父母高兴（认为有出息）；到××工商学院工作，大家都不高兴（离女朋友父母远，父母认为没出息）。说实话，为这事我抛过无数次硬币，正面回老家工作，反面考公务员，掉到地上到××工商学院工作，我的母亲甚至建议我去算算卦！为这事，我甚至想干脆倒退 20 年，那时大学读完包分配多好，不用自己犯愁了！

我常想：为什么那么多的高中生把专业的选择权交给父母，为什么那么多的大学毕业生在面临选择时焦虑困惑、束手无策，为什么一个堂堂的硕士研究生甚至想把自己的命运交给冷冰冰的硬币，交给素不相识的算命先生？

同学们，“没有人比你自己更在乎你的工作和生活，没有人比你自己更适合管理你的人生和事业，只有积极主动才能找到真正的‘自我’，才能让自己在成功的道路上永远快乐。”

点评：我们每个人面对自己的人生，只能做这样3件事：

一是在人生的每一个“重要关口”，必须认真分析、郑重选择，争取不留下太多的遗憾。

二是一旦做出了自己的选择，哪怕是有所遗憾，也要理智地去面对，然后再努力创造条件去逐步改变。

三是假若经过努力也不能改变现实，那就要勇敢地接受，千万不要使自己时时处在后悔的阴影当中，而应根据现实条件及时调整好自己，迈开大步继续朝前走。

4.6 拓展体验

4.6.1 职业生涯决策的困难

职业生涯决策的困难见表4-6。

表4-6 职业生涯决策的困难

困难类别	判断条目
职业生涯决策意识的困难	A. 未觉察到做决定的需求 B. 不知道做决定的过程 C. 知道要做决定，但逃避承担做决定的责任
收集信息的困难	A. 不充分、不一致的信息 B. 过量的信息带来的困扰 C. 不知道如何收集资料 D. 因信息与个人的自我概念不一致而不愿意接受信息的有效性
产生、评估、选择替代方案的困难	A. 由于面临多重生涯选择而难以做决定 B. 由于个人的条件限制，如健康、资源、能力、教育等，而无法产生足够的生涯选项 C. 由于害怕失败、害怕不被社会赞许、害怕承诺或投入行动等焦虑情绪，而无法做决定 D. 由于人际关系、冲突、情景、资源、健康等因素局限个人的选择 E. 不知道评估的标准（价值、兴趣、性格、能力、资源、健康、年龄、个人环境等）
计划执行中的困难	A. 不知道形成计划的必要性 B. 不知道在未来的计划中需要完成哪些事情 C. 不愿意或无能力获得必要的信息以形成计划

在职业生涯决策方面你觉得你遇到的最大困难是什么？如何解决的？请和身边的同学分享。

4.6.2　你的名片

现在请你为自己的第一份工作设计一张名片，包括名片的正反面颜色、图标、称呼、职务等，思考并回答：为什么这样设计？怎样努力才能实现名片上的称呼？目前自己具备什么优势？有什么困难？

4.6.3　盲人方阵

项目介绍：要求所有队员戴上眼罩，在活动区域内找到一条绳子，组成一个正方形，并把队员平均分配在每一条边上。

项目目的：培养团队成员的沟通意识；理解团队领导人及其领导风格对完成项目的影响力与重要作用；培养团队决策能力和队员科学的思维方式；使队员理解角色定位及其完成本职工作的重要性。

项目规则：项目进行中任何队员不得摘去眼罩。

项目思考：这个项目说明了团队工作时需要领导做出有效的统筹安排。此外，在这种非常规的方式下，队员的建议得不到充分的表达，队长和每个队员之间也得不到有效的沟通，以至于认识难以统一，争论难以平息。这就要求团队中的每一个队员具有“坚决服从”的意识和很强的执行力，绝不允许固执己见。否则，只会让我们所希望得到的正方形变成一个失败的不规则形状。

4.6.4　你的毕业选择

假定你快要毕业了，你有两个选择，一是准备考研，继续深造；二是去一家企业工作。现在，请你利用决策平衡单分析法，来决策对自己比较有利的选择。

第一步：列出这两种选择的有利点和不利点，概括出自己考虑的项目，填入表 4-7。

表 4-7　决策平衡单（三）

考虑方向	考研	企业工作
有利点		
不利点		
个人考虑		
相关他人考虑		

第二步：把这些考虑的有利点和不利点填入表 4-8 中的“考虑因素”中；根据自己的情况给出得分和失分，计算加权分和最终的得失差数，做出选择。

表 4-8　我的决策平衡单

职业决策考虑因素		权重	选择一		选择二		选择三	
		−5～+5	得（+）	失（−）	得（+）	失（−）	得（+）	失（−）
自我物质方面的得失	个人收入							
	未来发展							
	休闲时间							
	对健康的影响							
他人物质方面的得失	家庭地位							
	家庭收入							
	与家人相处时间							
	其他							
自我精神方面的得失	创造性							
	多样性和变化性							
	生活方式的改变							
	独立性							
	成就感							
	兴趣的满足							
	挑战性							
	其他							
他人精神方面的得失	父亲							
	母亲							
	配偶							
	老师							
总分								

4.6.5 个人优、劣势自评表

个人优、劣势自评表见表4-9。

表4-9 个人优、劣势自评表

评估维度		评估等级				
		优秀	较好	一般	较差	差
思维、认识能力	逻辑思维能力	1	2	3	4	5
	综合分析能力	1	2	3	4	5
	判断能力	1	2	3	4	5
	数据分析能力	1	2	3	4	5
	空间思维能力	1	2	3	4	5
知识与技能	专业知识	1	2	3	4	5
	基础知识	1	2	3	4	5
	商业知识	1	2	3	4	5
	社会知识	1	2	3	4	5
	研究开发能力	1	2	3	4	5
	实际动手能力	1	2	3	4	5
	交际能力	1	2	3	4	5
	书面表达能力	1	2	3	4	5
	口头表达能力	1	2	3	4	5
	团队合作能力	1	2	3	4	5
	领导才能	1	2	3	4	5
	创新能力	1	2	3	4	5
	学习能力	1	2	3	4	5
	信息搜集能力	1	2	3	4	5
	新技术的应用能力	1	2	3	4	5
	解决问题能力	1	2	3	4	5
	压力管理能力	1	2	3	4	5
	自我平衡能力	1	2	3	4	5
学习、工作效率	学习、办事的条理性或计划性	1	2	3	4	5
	时间管理的有效性	1	2	3	4	5
	学习、工作效率与效果	1	2	3	4	5
个人发展	自信	1	2	3	4	5
	自律	1	2	3	4	5
	自立	1	2	3	4	5
	责任	1	2	3	4	5
	诚信	1	2	3	4	5
	了解自己（优势与劣势）	1	2	3	4	5
	求知欲	1	2	3	4	5

4.7 动脑小测

1. 在确定自己的职业发展方向之前，需要了解多方面的信息，不包括（　　）。

A．了解自己

B．了解职业

C．了解企业

D．了解同事

2. 职业决策的风格包括（　　）类型：①麻痹型、②直觉型、③计划型、④顺从型。

A．②③④

B．①②

C．③④

D．①②③④

3. 直觉型职业决策的风格是依据（　　）来做出决策。

A．逻辑

B．时间

C．感觉

D．权威

4. 影响职业决策的因素中，个人较难控制的是（　　）。

A．年龄

B．健康状况

C．兴趣爱好

D．职业观念

5. 以下不是影响职业决策的社会环境因素是（　　）。

A．国家政策

B．地区历史文化

C．父母意见

D．全球经济形式

答案：D、D、C、A、C。

4.8 我的生涯时光

日期：

本周生涯主题（可以从学习、交友、社团、实践、自我管理等方面进行自我设定）。

1．______________________________

2．______________________________

3．______________________________

本周生涯力量（如给我支持的人、最快乐的事情、最有成就感的事情等）。

1．______________________________

2．______________________________

3．______________________________

4．______________________________

5．______________________________

6．______________________________

本周生涯自评（请在相应分数上打钩，1 代表最低，10 代表最高）。

快乐度：1　2　3　4　5　6　7　8　9　10

充实度：1　2　3　4　5　6　7　8　9　10

幸福感：1　2　3　4　5　6　7　8　9　10

本周生涯评价（请记录最有感触的一句话）。

____

项目5

行动方案

5.1 项目目标

通过前期的职业决策，运用具体的行动方案得以转化为可执行的措施，以期指导不同阶段、不同时期的行动过程；并要求在态度、知识和技能 3 个层面达到以下目标:

◇ 了解行动方案在职业生涯发展中的作用。

◇ 理解理想、决策与行动之间的关系。

◇ 掌握制订行动方案的原则。

◇ 能制订职业生涯规划的行动方案。

◇ 能根据实际情况对行动方案进行修正。

5.2 项目描述

大学生在进行职业生涯规划之后如果得不到很好的实施，规划书将变成一纸空文。因此，如何制订有效的行动方案是关键的环节。根据制订行动方案的原则要求，围绕职业决策，以职业生涯规划行动方案的形式规划未来的蓝图，并根据实施过程中出现的实际情况进行合理的评估和修正，以确保职业生涯规划目标最终顺利地实现。

5.3 项目环节

5.3.1 环节一：确定职业生涯规划发展目标

根据职业决策提出未来时期在不同阶段中需要达到或完成的目标，可分为短期目标、中期目标和长期目标，从而串联起职业决策的总目标，见表5-1。

表5-1 确定职业生涯规划发展目标

短期目标（1年）	
中期目标（3年）	
长期目标（5年以上）	

5.3.2 环节二：制订职业生涯规划行动方案

为了顺利实现不同阶段的职业生涯规划目标，应制订相对应的行动方案，包括短期方案、中期方案、长期方案。

（1）短期方案（年度方案）

短期方案见表5-2。

表5-2 短期方案

重点工作方案		措施	达成时间	达成标准
本年度需完成的重点工作				
其他重点工作				

（2）中期方案（3年）

中期方案见表5-3。

表 5-3 中期方案

实施时间		学业方面		生活成长方面		社会实践方面	
		目标	方案	目标	方案	目标	方案
第一学年	上学期						
	下学期						
第二学年	上学期						
	下学期						
第三学年	上学期						
	下学期						

（3）长期方案（5 年以上）

长期方案见表 5-4。

表 5-4 长期方案

目标	行动措施	达成标准

5.3.3 环节三：评估与修正行动方案

（1）保证至少每三个月检查一次自己的行动进度

检查可以发现职业生涯规划中存在的问题，可以考察行动方案的落实情况，可以有针对性地提出解决方案。如果感到生活过于忙乱，那就意味着目标定低了，需要进行调整，适时调高目标。这样，可以使自己的目标难度更合理，使成就水平更高。

感到自己的生活节奏很慢，效率很低，没有实现原职业生涯规划的目标，首先要考虑自己的动机水平是否足够。

月度方案围绕月度目标来制订，它应以每周为单位来制订。比如，我计划本月完成 3000 个单词的学习，那前两周每周安排 1000 个单词的学习，后两周每周安排 500 个单词的学习等。月度方案包括对要做的工作、应完成的项目、质和量方面的要求等。

（2）保证经常回顾职业生涯规划和行动方案，必要时做出调整

如果自己的理想蓝图发生变化，职业生涯规划和行动方案也要做出相应的调整，从而目标和行动方案也应随之改变。方案毕竟是方案，往往需要和现实结合起来，实施动态管理，否则，缺乏灵活性，也会导致方案落空。

（3）每做一个重要决定时，需审视行动方案

当做出一个对学习和生活极其重要的决定时，请考虑一下职业生涯规划和行

动方案，并确保正在仔细考虑的决策与自己的本意相符。有的情况下，可能有一些重要的诱因能获得短期内的收获，但从长期考虑却是不利的。比如，很多大学生在毕业后是继续深造还是就业的问题上犹豫不决，这时就应拿出自己的行动方案好好看一下，明确自己的本意和设想，这样可避免出现随大流的盲目行为。

总结：有了科学合理的职业生涯规划和与之配套的行动方案，还必须根据该方案严格执行，才能使自己的职业生涯规划目标得以实现。大学生活中可能出现许多意外或紧急的事情，干扰你的方案，打乱你的安排，这时你就应该加倍地珍惜时间，把耽误的时间抢回来；同时，在制订具体方案时，要留有一定的机动时间处理这些特殊事件。为了保证自己的行动能与努力的目标一致，就需要最大限度地根据所确定的职业生涯规划来约束自己的行为。

这里提出几项措施，帮助大学生们更好地实施自己的职业生涯规划行动方案。

1）保证经常回顾职业生涯规划和行动方案，必要时做出变动。有些人虽然有方案，但总是不将方案放在心上，不知道自己努力的方向在哪里，缺乏时间观念，结果贻误职业生涯发展机会。

2）把职业生涯规划和行动方案存入计算机文件中或贴在床头等可经常看见的地方。为了避免自己忘记重要的学习目标和时间表，最好将这些内容放在自己经常能看得见的地方，如写在日历上，时刻提醒自己。

3）与亲朋好友讨论自己的职业生涯规划和行动方案，并询问实现它们的途径。向亲朋好友公开自己的职业生涯规划和行动方案，往往能督促自己行动。如果只是自己知道，往往在遇到困难时容易退步，而且心理上没有压力；反之，如果亲朋好友都知道，先征求别人的意见和建议，再采取行动，一方面可以利用集体的智慧，帮助自己设计最优的方案；另一方面，可对自己进行约束，增加责任心及激励力量。

4）要有毅力。在大学里，可能朋友交际会比较多，有时很多人都在娱乐，自己也有兴趣参加，如果没有职业生涯规划的观念和自觉性，通常会使规划流产。一旦起初的职业生涯规划落空，以后也容易放弃，这是大学生一定要注意的地方。

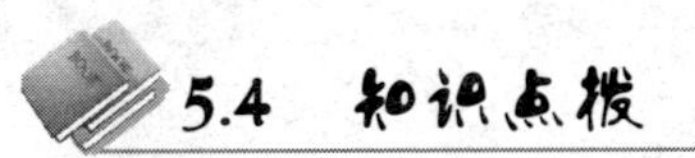

5.4 知识点拨

5.4.1 职业生涯规划阶段目标的特点和设计思路

目标是行动的导航灯。确立目标是制订职业生涯规划的关键，是首要的内容。有效的职业生涯规划设计需要切实可行的目标，以便排除不必要的干扰，全心致力于目标的实现。有了目标，便有了人生奋斗的方向。

1. 阶段目标的分类

个人职业目标按时间可以分为短期目标、中期目标、长期目标和人生目标。

（1）短期目标

短期目标，通常是指1～2年内的目标，是中期目标和长期目标的具体化、现实化和可操作化，是最清楚的目标。其主要特征有：

1）目标具备可操作性。

2）有具体的完成时间。

3）对现实目标有把握。

4）服从于中期目标。

5）目标可能是自己选择的，也可能是企业或上级安排的、被动接受的。

6）目标需要适应环境。

7）目标要切合实际。

（2）中期目标

中期目标，一般为3～5年，它相对长期目标要具体一些，如参加一些旨在提高技术水平的培训并获得等级证书等。其特征主要有：

1）通常与长期目标保持一致。

2）是结合自己的志愿和企业的环境及要求来制订的目标。

3）用明确的语言来定量说明。

4）对目标实现的可能性做出评估。

5）有比较明确的时间，且可做适当的调整。

6）基本符合自己的价值观，充满信心，愿意公布于众。

（3）长期目标

长期目标，时间为5年以上的目标，它通常比较粗略、不具体，可能随着企业内外部形势的变化而变化，在设计时以轮廓为主。它的主要特征有：

1）目标有可能实现，具有挑战性。

2）对现实充满渴望。

3）非常符合自己的价值观。

4）目标是认真选择的，与社会发展需求相结合。

5）没有明确规定实现时间，在一定范围内实现即可。

6）立志改造环境。

（4）人生目标

人生目标是指整个人生的发展目标，时间长达40年左右。

一般来说，短期目标服从于中期目标，中期目标服从于长期目标，而长期目标又服从于人生目标。具体实施目标，通常是从具体的短期目标开始的。

2. 阶段目标的设计思路

许多大学生在面临职业生涯选择时总显得犹豫不决，这个现象称为“艾尔维斯干扰”。下决心放弃干扰性的分目标，每天只处理一项与总目标有关的优先项目，你最终会发现那条贯穿你生活并引领你走向个人目标的“金线”。

《第五项修炼》一书之所以将“自我超越”列为“第一项修炼”，其实质就是“目标牵引成长，信念产生动力，良好的习惯让人如鱼得水。”

立志是人生的起跑点，职业生涯目标的设定是职业生涯规划的核心。如果你不知道要去哪儿，那么你就哪儿也去不了。目标是一种发现，人们往往要经过一番危机才能找到适合自己追求的目标。

当每个人把自己融入更大的总目标，当个体的目标得到组织的支持时，组织将爆发无法阻挡的能量，同时个人愿景的实现会得到有力的帮助。

戴尔·卡耐基曾说过：“一个人的成功，15%是靠专业知识，85%是靠人际关系与处事能力。”成功也不可能通过孤军奋战来实现，必须经过与外部世界的联系才能达成。毕竟你找不到任何一种成功，可以不通过与外界的交流、沟通、推广而获得。

美国作家盖尔·希伊曾通过一份内容十分广泛的“人生历程调查问卷”，间接地询问了6万多名各行各业的人士，结果发现成功人士和自我满意的人，至少有两个共同特点：第一，他们有更多的亲密朋友；第二，他们努力实现一个难以达到的目标。这些人觉得这样的生活很有意义，而且更会享受生活。

职业生涯总目标是通过分目标的各个击破而最终达成的，实现分目标就带来了阶段性的成就感并缩短了到达成功的距离。

心理学试验表明，太难或太容易的事都不具有挑战性，也不会激发人的热情。因此，应根据个人的经验、素质水平和现实环境的许可来决定我们的中短期目标。中短期目标应尽可能具体明确，并限定时间。只有这样才具有行动指导和激励的价值。在特定的时限内完成特定的项目，就会使人集中精力，调动自己和他人的潜力，为实现目标而奋斗。

5.4.2 制订职业生涯规划的原则

1）清晰性原则。考虑目标、措施是否清晰、明确，实现目标的步骤是简洁明了。

2）挑战性原则。考虑目标或措施是否具有挑战性。

3）动态原则。考虑目标或措施是否有弹性或缓冲性，是否能依循环境的变化而做出调整。

4）一致性原则。考虑主要目标与分目标是否一致、目标与措施是否一致、个人目标与组织目标是否一致。

5）激励性原则。考虑目标是否符合自己的性格、兴趣和特长，是否能对自己产生内在的激励作用。

6）合作性原则。考虑个人的目标与企业目标是否具有合作性与协调性。

7）全程原则。拟订职业生涯规划时必须考虑到职业生涯发展的整个历程，要有全程的考虑。

8）量化清晰原则。职业生涯规划各阶段的路线划分与安排，必须具体可行。

9）务实原则。实现职业生涯目标的途径很多，在规划时必须要考虑到自己的特质、社会环境、组织环境，以及其他相关的因素，选择切实可行的途径。

10）可评量原则。职业生涯规划的设计应有明确的时间限制或标准，以便评量、检查，使自己随时掌握执行状况，并为规划的修正提供参考依据。

5.4.3 职业生涯规划行动方案评估

行动方案评估主要是对各阶段的预定目标和实际的结果之间的差距进行分析，找出差距产生的原因。影响行动方案的因素很多，有的变化因素是可以预测的，而有的因素则是难以预测的。在此情况下，要使行动方案行之有效，就需要不断地对行动方案进行评估与修正。

（1）差距产生的原因

目标和结果出现差距的原因主要有以下几个。

1）目标定得过高或过低。目标过高超过个人能力，再努力也白搭，这时要适当调低自己的目标，否则会伤害自己的自信心；目标过低自己不需要花费很大的精力就可以达成，那这种目标也没有什么价值，此时你就要及时调高自己的预期目标，使自己的能力能够充分发挥出来。

2）目标合适而行动方案与之不匹配。当目标合适而行动方案与之不相配时，可导致目标无法实现。例如，大一的学业规划目标中有通过大学英语四级考试，但却在行动方案中没有安排足够的英语学习时间。

3）目标和行动方案都合适，但执行不力。例如，目标是通过大学英语四级考试，行动方案中安排了英语学习的具体时间，但由于有其他许多事情耽误了英语学习，导致目标没法实现。这是执行过程中存在的问题。

（2）行动方案评估的要点

1）抓住最重要的内容。抓住一两个关键的目标和最主要的行动方案进行追踪。在大学生职业生涯的某一阶段，如 1～2 年内，或者 3～5 年内，总有一个最核心的目标，其他目标都是指向这个核心的，你完全可以通过优先排序，重点评估那些可能达到这个核心目标的主要行动方案的执行效果。

2）分离出最新的需求。针对变化的内外环境，要善于发掘最新的趋势和影响。俗话说“跟上形势”，对于新的变化和需求，行动方案应有效而且有新意。大学生职业生涯规划在制订过程中，要善于抓住外部环境的最新变化来制订适当的行动方案，使自己的职业生涯规划不落伍。

3）找到突破口。有时候，在某一点上取得突破性的进展将使整个局面发生意想不到的改变。想一想，你先前职业生涯规划中的行动方案，哪一条对于目标的达成应该有突破性的影响？达到了吗？如何寻求新的突破？

4）关注最弱点。在反馈评估过程中，当然要肯定自己取得的成绩与长处，但是更重要的是切合变化的环境，发现自己的素质与行动方案的短板，然后想办法修正。你可以在1年、2年或者3～5年等任何时候回过头来看看你在制订行动方案前，通过SWOT分析法发现的劣势等如今是否通过阶段性行动的努力而有所改观。如果没有，为什么会行而无效或者行不通，差距又在哪里，一般而言，你的短板可能有下列几个方面。

① 观念差距。观念陈旧往往会造成行动方案的失误，导致行动失败。因此，要不断检查自己的观念、更新自己的观念。

② 知识差距。要取得职业生涯的成功，需更加注重建立合理、科学的知识结构。

③ 能力差距。环境在变化，对人的能力的要求也是在不断变化的。彼一时你通过种种努力提高了某些能力，但此一时可能又会出现新的差距。另外，前一阶段是否坚持按行动方案来提高能力了，提高了多少，遇到什么困难，这对以后都是一个重要的启发。

④ 心理素质差距。很多时候，我们没有取得预期的进步，并不是方案不够好或者措施不够得当，而是心理素质不够好。一个人职业生涯的发展，首先是心理素质的成长过程。要不断加强心理素质锻炼，提高心理的适应能力、承受能力，树立良好的职业心态。

5.4.4 职业生涯规划行动方案修正

人生目标往往是基于特定社会环境和条件而制订或实现的，这样的环境和条件总是在变化的，确定了目标也应该进行修正和更新。对大学生来说，就业环境的不断变化，使不断修正和更新自己的职业生涯规划行动方案成为必需。职业生涯规划行动方案修正见表5-5。

表 5-5　职业生涯规划行动方案修正

序号	修正的目的	修正的内容	应注意的问题
1	对自己的优势充满自信（我知道我的优势是什么）	职业的重新选择	你的人生价值是什么
2	对自己的发展机会有一个清楚的了解（我知道自己什么地方还有待改进）	职业生涯路线的选择	你有哪些技能和条件
3	找出关键的有待改进之处	阶段目标的修正	你最感兴趣的事情是什么
4	为这些有待改进之处制订详细的行动方案改变计划	人生目标的修正	你的人格特质是什么
5	以合适的方式答复那些给予反馈的人，并表示感谢	实施措施与行动方案的变更	你是否好高骛远
6	实施你的行动方案，确保你能够取得显著的进步和成就		你是否建立了自己的就业信息网络

总之，职业生涯规划完成并实施后，我们必须对阶段性的结果进行评估，根据评估的结果找出规划与结果之间的差距，分析出差距产生的原因，并有针对性地对行动方案进行调整，并按新调整的方案有效地围绕目标行动。

5.4.5　大学阶段的职业生涯规划实操

应该怎样规划大学生活才能达到读大学的预期目的呢？按新生期、低年级、高年级 3 个阶段，一步步地规划，一步步地成长，避免茫然和苦闷伴随我们的大学生活。这里我们根据各个阶段的规划重点给出一些参考内容，具体规划要由大学生根据自身的特点，结合我们前面介绍的规划方法做出合理的规划。

1. 新生期大学生的职业生涯规划

（1）目标

重在了解学业规划、成长规划。

（2）背景

大学生要尽快适应大学的生活和学习，要完成从未成年人向成年人的角色转换；完成由依赖到独立的转换；完成被动学习到主动学习的转变。重点是加强对专业学习、成长、实践的规划。大学新生在经历过残酷的高考之后，如愿迈入大学。然而，大学生活不是高中生活的简单延续。面对大学这一新环境，大一新生需要调整心态，顺利实现角色转换，达到与新环境的平衡。新生期大学生职业生涯规划的主要内容就是尽快适应学习方式的转变。大学的学习方式是自主性学习，学习时间、教授方法、作息时间等都需要个人有高度的自制力，需要自己去上课，去图书馆查资料、讨论等，这与中学时期不一样。因此，新生要尽快适应大学的学习方式，尽早步入自主学习的轨道。

1）通过军训摆脱依赖，学会独立生活，结识新友，学会管理自己。

2）熟悉校园：熟悉寝室、教室、实验室、机房、图书馆、运动场、食堂、超市、浴室、开水房、报告厅、就业服务指导中心等环境。

3）熟悉同学；与同学结成好伙伴。

4）自主生活规划：能按时起床，不迟到早退；能自己洗衣，不乱丢垃圾；能按时作息；能保证饮食，睡眠正常；能坚持每天锻炼，保证身体良好；初步适应大学生活。

5）结识几个老乡或学长：在本校或本市其他学校寻找几个老乡或学长。

（3）实操活动

提示：可以从规划目标、学业规划、成长规划、学会与人相处、学会自我管理、学会成人思维、学会独立生活、熟悉校园、学会感恩等几个方面展开。

____

____

____

____

2. 低年级大学生职业生涯规划

低年级大学生的职业生涯规划则应重点做好学业、成长和实践规划，使自己全面发展。同时，对所学专业、所学专业与行业的关系、本专业可以就业的职业及其准入标准等进行了解，为职业生涯发展做好能力和技能准备。

（1）目标

重在了解学业规划、成长规划、实践规划。

（2）背景

1）低年级大学生学业规划。在低年级（主要指大一新生期后和大二），我们的学业规划以通识能力及专业基础课的学习为主。

① 大学一年级学业规划。大学一年级学习任务不重，多为基础课程或人文、通识课程。因此，大学一年级学生要尽量把更多时间放到图书馆去博览群书，充实自己。去思考、去成长，拓展生命的宽度。要尽早把外语、计算机、职业生涯规划等方法类课程学好，熟练掌握这些方法，对自己的职业生涯发展极有帮助。学习之余，要了解本专业的就业情况，增加忧患意识，早做准备。要跑在理想的前面，把握自己的命运。

这一阶段大学生的主要学习项目是：了解专业课程学习的教学培养计划和目标，明确学习方向；了解大学阶段的学习方式和途径，充分利用学校学习资源；树立以学习为主的中心观念，努力学好专业基础知识；初步了解所学专业就业、专升本及考研情况，初步探索与专业关联度较高的职业发展情况。

② 大学二年级上学期的学业规划。大学二年级上学期处于大学生职业生涯规划中的定向期。这一阶段，角色转换已经顺利完成，对大学生活也已经基本适应，因此这一阶段的学业规划重在学好所学专业的基础课程，并结合本专业所对应行业的要求，多了解相关的专业人士、企业、学者，浏览相关杂志和网站。完成相关专业知识的储备，提高综合素质，初步明确大学毕业后的基本去向，尽量明确自己的职业生涯发展方向，这一阶段的主要学习项目是：继续深入学习专业知识；争取通过大学英语四级考试和全国计算机等级考试，熟练操作计算机；向老师、学长虚心请教，请他们给自己的学业规划提出宝贵意见；充分利用图书馆、电子阅览室、学术报告会等进行知识积累，丰富知识结构；积极参加学术科技竞赛活动，提升自己的专业研究水平；加强了解与自己职业方向相关的情况，通过与专业相关的杂志、网站等媒体了解更多专业知识，选修相关课程，增加知识积累。

科学合理的知识结构是从事现代社会职业的必要条件，是综合素质、能力培养和人才成长的基础，所以大学生在校期间一定要形成科学合理的知识结构。尤其是对于理（工）科的大学生而言，建立合理的知识结构必须要做到“专博共济”，形成自己鲜明的就业核心竞争力。

③ 大学二年级下学期的学业规划。大学二年级下学期进入到大学生职业生涯规划的分化期，这一时期的学业规划重点要确立未来职业目标，提高各项实践能力。

继续深入学习本专业的专业知识；撰写专业文章，熟悉自己的专业领域，在具备必备的基础理论和专业知识的基础上，重点掌握从事本专业实际工作的基本能力和基本技能。

2）低年级大学生成长规划。低年级大学生成长规划的主要内容为养成良好的生活习惯、培养健康的兴趣和良好的心态、树立正确的恋爱观、学会自我管理、培养良好的思维方式、培养科学的世界观，学会明势。

3）低年级大学生实践规划。低年级大学生实践规划以选择进行社团活动为主，也有部分大学生自大一开始就兼职或者创业。

大学生社团与大学生素质拓展活动有着十分密切的关系。大学生社团是大学生素质拓展的重要载体和主要阵地，社团活动是大学生素质拓展计划的重要内容，社团发展与素质拓展密切相关。在大学生素质拓展计划中，社团活动被列为其中一项重要内容。通过考察高校大学生素质拓展计划的实施情况可以发现，凡是社团活动比较多的高校，大学生素质拓展计划实施的成效都比较突出，大学生素质的整体状况也比较好。因此，从大学生素质拓展的大背景着眼，通过对大学生社团的性质、特点、机制等加以分析，从而加深对大学生社团在素质拓展中的作用和地位的认识，将有效促进大学生社团的健康发展。

（3）实操活动

1）学业规划。

提示：可以从通识能力学习规划，专业基础学习规划，初步了解专业网站、杂志等几个方面展开。

2）成长规划。

提示：可以从养成良好的生活习惯、培养健康的兴趣和良好的心态、树立正确的恋爱观、学会自我管理、培养良好的思维方式、培养科学的世界观、学会明势等几个方面展开。

3）实践规划。

提示：可以从参加几个社团、做几次义工、参加几次见习、参加几次院级活动、访谈几位职业生涯人物、参加几次职业体验活动、写出几篇实践论文等几个方面展开。

3. 高年级大学生职业生涯规划

高年级大学生职业生涯规划则应按照行业、职业的用人标准，以做好就业或毕业后去向的充分准备为主。也就是说，应以毕业后的去向作为规划目标。

（1）目标

重在了解学业规划、成长规划、实践规划。

（2）背景

1）高年级大学生学业规划。高年级大学生学业规划一般为大学三（四）年级的学业规划，部分同学也可能提前到大二下学期。

大学生在经历了两年的学习之后，不仅掌握了扎实的专业知识和技能，而且在组织协调能力、语言文字表达能力、分析解决问题能力等各方面有了质的飞跃。在大学即将结束的最后阶段，大三（四）学生在学业规划方面需要做好以下两方面的工作。

① 职业素养提升规划（包含职业技能、职业道德、思想和行为方面）。在加强专业知识学习的同时，考取与目标职业相关的职业资格证书；参加相关的职业培训，提升有针对性的职业能力；参加和专业有关的暑期工作，和同学交流求职的心得体会；根据自己的发展规划，完成专升本、出国、创业需要的相关准备，如语言能力证明等；学习写简历、求职信；了解、搜集工作信息的渠道，并积极尝试；加强职业道德理论的学习，提升思想道德修养；学会自觉自省，通过学习善于认识自己、客观地看待自己，规范自己的行为举止。

② 完成学业。完成学业主要指完成毕业论文、顺利毕业。大三（四）的学生要准备毕业论文及毕业考试。

③ 根据毕业去向做好相关知识的准备。选择就业的同学要制作简历、撰写求职信，学习求职技巧，了解面试求职技巧和流程，进行面试预演；选择考研的同学要做好参加考试的相关知识准备；选择创业的同学要学习了解相关就业创业的知识、政策；选择出国的同学要学习了解与出国相关的知识、政策及各个国家和学校的最新留学政策。

大学生活的结束意味着职业生涯的正式开始。因此，这一时期的学业规划项目应围绕顺利毕业（毕业论文、毕业答辩、毕业考试）、实现大学生涯阶段目标来开展，或者成功就业，或者顺利出国，或者开始创业，做最后准备等。

2）高年级大学生成长规划。高年级大学生成长规划是在低年级大学生成长规划的基础上进一步学会时间管理和财务管理，扩大人际交往圈，学会专注性思维，学会辩证地看社会，更加慎重地选择恋爱对象，努力实现从学生到社会人的转变和从学生到职业人的转变。

3）高年级大学生实践规划。高年级大学生实践规划以参加实习、见习为主。

大学生社会实践活动是解决理论脱离实际、知识远离生活等问题的有效途径，它可以帮助大学生实现理论和实践的结合，可以提高高校人才培养与社会实际需求的契合度，努力培养适应时代需求的高素质创新型人才。因此，大学生参加社会实践活动拥有的体验机会，是主动、自主获取知识的过程，而不是由权威从外部来灌输知识的过程。

高年级大学生实践规划内容应该包含：参加大型专业性全国大会的活动、在相关企业参与实习的社会经历、准备简历和求职信的经历、参加过几场社会招聘会等。

（3）实操活动

1）毕业目标。

2）自我分析。

提示：可以从优势、劣势、差距等方面展开。

3）学业规划。

提示：可以从专业学习规划、职业技能提升、职业思想道德和行为提升、准备毕业论文、准备毕业考试等方面展开。

4）成长规划。

提示：可以从辩证地看社会、学会专注性思维、努力向职业人转变、努力向社会人转变、进一步学会时间管理和财务管理、构建职业人脉圈、慎选恋爱对象等方面展开。

5）实践规划。

提示：可以从参加几次大型专业性全国大会、选择几家相关企业实习、参加几场招聘会、准备几份简历和求职信等方面展开。

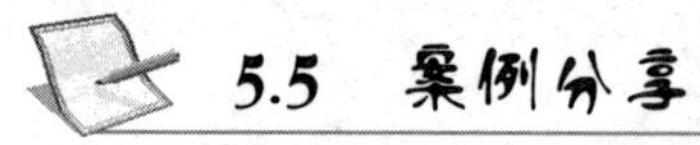

5.5 案例分享

案例一：

刘某3年前毕业于某著名大学，除计算机专业知识外还写得一手漂亮的文章，他认为自己很清楚人生应该做的事，对自己的人生制订了具体的目标。但刘某毕业3年后换了三四家公司，做过秘书、证券、编辑，都不能实现自己的目标，因此感觉很气馁。

点评：刘某有较扎实的基础，但初期进行职业生涯规划时由于经验不足，容易好高骛远、不切实际。在人生理想的指引下，宜采取“积小成功为大成功”的做法，先采用结合现实的职业生涯规划模式，将个人理想与组织远景相配合并使双方受益，逐步实现可行性目标，累积足够的自信和能力；再逐渐采取实现自我的职业生涯规划模式，在中长期中致力于实现自我目标，最终达成理想。

本案例给我们的启示：

1）机遇与目标的专一性——目标要准。

2）万丈高楼从地起——基础要牢。

3）关键是知识与技能积累到了哪一步——能力要到。

案例二：

有个同学问：“老师，我的目标是在一年内赚100万！请问我应该如何计划我的目标呢？”

老师便问他：“你相不相信你能达成？”他说：“我相信！”老师又问：“那你知不知道要通过哪个行业来达成？”他说：“我现在从事保险行业。”老师接着又问他：“你认为保险行业能不能帮你达成这个目标？”他说：“只要我努力，就一定能达成。”

“我们来看看，你要为自己的目标做出多大的努力，根据我们的提成比例，100万的佣金大概要做300万的业绩，那么一年是300万业绩，一个月是25万业绩，那每一天就是8300元业绩。每一天的8300元业绩，大概要拜访多少客户呢？”老师继续说，“大概要50个客户，那么一天要50个客户，一个月要1500个客户，一年呢？就需要拜访18000个客户。”

这时老师问他：“请问你现在有没有18000个A类客户？”他说没有。老师接着问他：“如果没有的话，就要靠陌生拜访。你平均一个客户要谈上多长时间呢？”他说：“至少20分钟。”老师说：“每个客户要谈20分钟，一天要谈50个客户，也就是说你每天要花超过16个小时与客户交谈，还不算路途时间。请问你能不能做到？”

他说：“不能。老师，我懂了。这个目标不是凭空想象的，是需要凭着一个能达成的计划确定的。”

分析：通过上述事件，你觉得你每天的目标是什么？

5.6 拓展体验

5.6.1 职业生涯幻游

你是否能更具体地想象自己5年后的模样？未来的职业生涯会是什么样子？现在就让我们一起乘坐未来世界最先进的时光隧道机，到未来世界去幻游！幻游未来世界之后，你回到了现实世界。请和你的朋友或同学一起分享在生涯幻游中的那些有趣的经历，并填在表5-6中。

表5-6 生涯幻游

幻游经历	未来世界
我看到的天花板是什么颜色？	
我感觉到地板的温度是多少？	
我穿的衣服是什么样式？	
和我一起吃早餐的人是谁？	
我住的房子是什么样子的？	
我乘坐的交通工具是什么？	
我的工作环境怎么样？	
同事们怎么称呼我？	
我上午的工作内容是什么？	
和我一起吃午餐的人是谁？	
我下午的工作内容是什么？	
我下班后的活动是什么？	
和我一起吃晚餐的人是谁？	
我晚餐后的活动是什么？	
对于一天的工作和生活，我的感觉是什么？	
临睡前，我许的愿望是什么？	
对于这一次的幻游，我的心得是什么？	

5.6.2 行动方案的具体性

王某毕业于某技术学校的机电专业，从毕业开始，他就为自己的职业生涯做了详细的职业目标。

（1）2020～2023 年

1）成果目标：通过实践学习，掌握熟练技术，总结出适合照明企业的管理理论。

2）学历目标：参加函授学习，学习技术和管理知识。

3）职务目标：从技术能手到技师。

4）能力目标：掌握熟练技术，在车间有一定知名度，同时具有一定的管理能力。

5）经济目标：技师，年薪 5 万～8 万。

（2）2023～2028 年

1）学历目标：通过高级技师考试。

2）职务目标：著名大型照明企业高级主管。

3）能力目标：熟练处理本职务工作，工作业绩在同级同事中居于突出地位；熟悉企业运作机制及企业文化，能与公司上层进行无阻碍沟通；形成自己的管理理念，有很高的演讲水平，具备组织、领导一个团队的能力；与公司决策层有直接流畅的沟通；具备应付突发事件的心理素质和能力；有广泛的社交范围，在业界有一定的知名度。

4）经济目标：年薪 15 万～20 万。

点评：如果是你，会如何分解大学每年、每月或每周的项目？

拓展提示：

（1）年度（或学期）计划

年度（或学期）计划是为了完成年度项目而制订的配套行动方案，如大学第一年要通过大学英语四级考试，计划第 1～第 3 月完成单词的准备，第 4～第 6 月学习语法，第 7～第 9 月锻炼阅读能力和听说能力，第 10～第 12 月做模拟考试和进行考试技巧的培训等。年度（或学期）计划见表 5-7。

表 5-7 年度（或学期）计划

实施时间	学业方面		生活成长方面		社会实践方面	
	目标	方案	目标	方案	目标	方案
1 月						
2 月						
3 月						
4 月						
5 月						

续表

实施时间	学业方面		生活成长方面		社会实践方面	
	目标	方案	目标	方案	目标	方案
6月						
7月						
8月						
9月						
10月						
11月						
12月						

（2）月度计划

月度计划围绕月度目标来制订，它应以每周为单位来制订。例如，我计划本月完成3000个单词的学习，那前两周每周安排1000个单词的学习，后两周每周安排500个单词的学习等。这些计划都包括要做的工作、应完成的项目、质和量方面的要求等。月度计划见表5-8。

表5-8 月度计划

实施时间	学业方面		生活成长方面		社会实践方面	
	目标	方案	目标	方案	目标	方案
第1周						
第2周						
第3周						
第4周						

（3）周计划

周计划围绕周目标来制订，但应以每天的行动方案为单位来制订。例如，一周要完成1000个单词的学习，那我每天至少要完成150个单词的背诵。周计划见表5-9。

表5-9 周计划

实施时间	学业方面		生活成长方面		社会实践方面	
	目标	方案	目标	方案	目标	方案
星期一						
星期二						
星期三						
星期四						
星期五						
星期六						
星期日						

（4）日计划

日计划是计划中最小的单位，它围绕每天的目标来制订，一般计划到每小时的工作安排，非常具体。例如，我每天安排早上 6:00～7:00 和晚上 9:00～10:00 学习英语等，每天晚上进行当日总结和考虑明天的计划。日计划见表 5-10。

表 5-10 日计划

实施时间	学业方面		生活成长方面		社会实践方面	
	目标	方案	目标	方案	目标	方案
6:00～7:00						
7:00～8:00						
8:00～12:00						
12:00～14:00						
14:00～17:00						
17:00～18:00						
18:00～19:00						
19:00～21:00						
21:00～22:00						
22:00～6:00						

5.7 动脑小测

1．大学生学业规划的调整原因不包括（　　）。

A．恋爱资源

B．专业兴趣

C．求职需求

D．发展要求

2．制订职业生涯规划行动方案的原则不包括（　　）。

A．内敛性

B．清晰性

C．可评量

D．激励性

3．在职业生涯规划评估的要点中，错误的是（　　）。

A．抓住最重要的内容

B．分离出最新的需求

C．找到突破口

D．寻求市场需要

4．在职业生涯规划行动方案的修正中，错误的是（　　）。

A．阶段目标的修正

B．计划的变更

C．重新选择学校与专业

D．职业生涯路线的选择

5．在以下的行动计划中，具有战略性的是（　　）。

A．月度计划

B．年度计划

C．中期计划

D．长期计划

答案：A、A、D、C、D。

5.8 我的生涯时光

日期：

本周生涯主题（可以从学习、交友、社团、实践、自我管理等方面进行自我设定）。

1．__________

2．__________

3．__________

本周生涯力量（如给我支持的人、最快乐的事情、最有成就感的事情等）。

1．__________

2．__________

3．__________

4．__________

5．__________

6．__________

本周生涯自评（请在相应分数上打钩，1 代表最低，10 代表最高）。

快乐度：1 2 3 4 5 6 7 8 9 10

充实度：1 2 3 4 5 6 7 8 9 10

幸福感：1 2 3 4 5 6 7 8 9 10

本周生涯评价（请记录最有感触的一句话）。

____

项目6

职业生涯规划书撰写与展示技巧

6.1 项目目标

◇ 学习完整职业生涯规划的结构和流程。
◇ 撰写职业生涯规划书过程中的理性思维训练。
◇ 创造性展示职业生涯规划的方法和技巧。
◇ 掌握 PPT 文稿展示技巧。
◇ 引导学生进行职业生涯管理。

6.2 项目描述

通过前期的学习和思考，结合自身的特点和工作世界的情况，拟写一份完整的职业生涯规划书，并通过 PPT 的方式展示自己的职业生涯规划。结合全国大学生职业生涯规划大赛的标准，进行评估。通过撰写和展示过程，提高学生综合技能，提高学生职业生涯规划的思考能力和行动能力。

6.3 项目环节

6.3.1 环节一：全国大学生职业生涯规划大赛

全国大学生职业生涯规划大赛旨在进一步普及大学生职业生涯规划知识，提高大学生就业、创业技能与实践能力，促进大学生就业、创业。通过比赛，锻炼学生各项综合能力，并提高职业生涯规划的行动能力。请根据图 6-1 进行思考，你觉得最重要的是哪一项？谈谈你的想法。

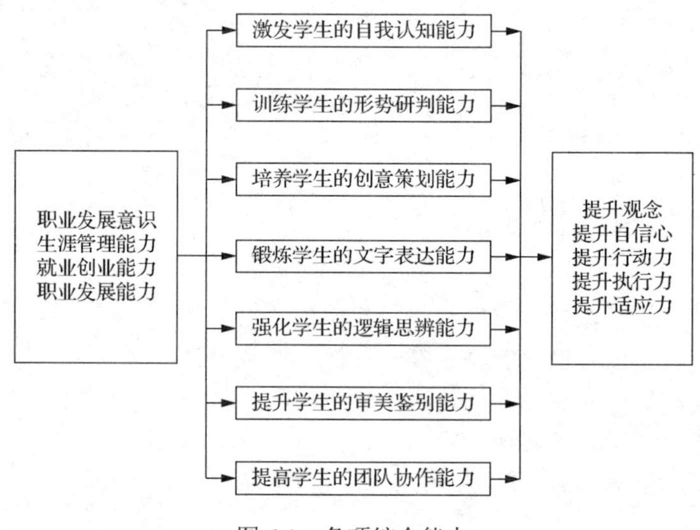

图 6-1　各项综合能力

6.3.2 环节二：撰写职业生涯规划书

1）在撰写职业生涯规划书的时候，请思考图 6-2 中内容。

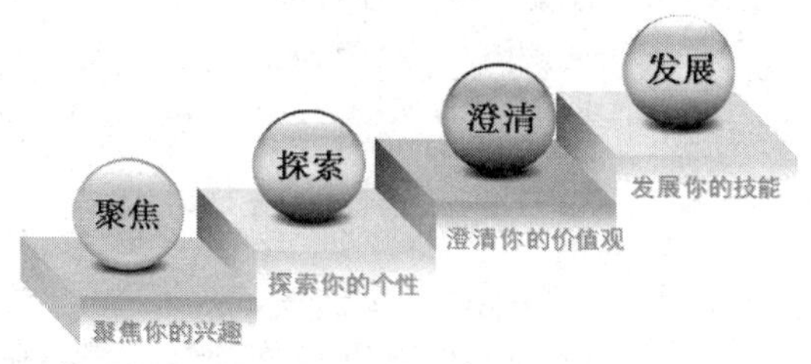

图 6-2　撰写职业生涯规划书时思考的内容

2）一份完整职业生涯规划书的常见问题（图 6-3）。

① 职业生涯规划是建立在对自己的兴趣、特长、能力、社会需要等各方面全面了解评估的基础上的，进行目标设定时一定要结合自身特点和情况，不能完全脱离现实。要认清兴趣与能力，以及能力与社会需求都是存在一定差异的，我们所要做的是在这诸多因素中找一个结合点，将自己的经历经验、专业技能、兴趣特长都有机地结合起来，这样的职业目标才会有生命力。

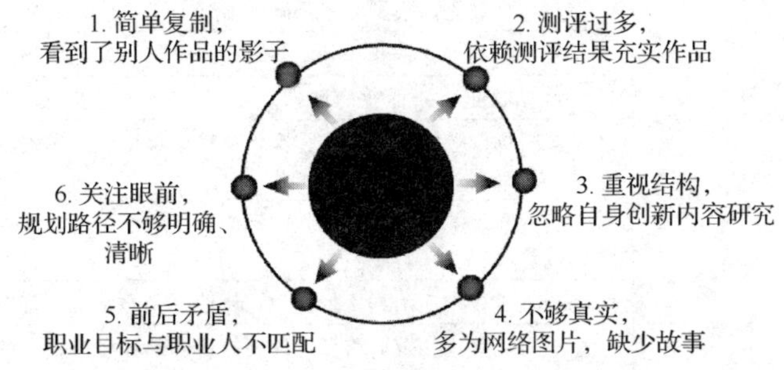

图 6-3　职业生涯规划书的常见问题

② 人才素质测评是了解自我的理论依据之一。有的同学在撰写职业生涯规划书时，对自我的分析仅凭自我认识及他人评价，这是不全面的，也缺乏足够的理论依据。正确的做法是将个人认识、他人评价和人才素质测评结果有机结合，形成一个较为全面的自我认知，据此制订的目标的可信度才较高。当然，由于人才素质测评的效度和信度也不是绝对的，所以也不可完全根据测评结果设定职业目标。

③ 措施要有可行性。针对职业目标制订的措施一定要具有可行性，这是职业生涯规划书的一个重要部分。最好制订出长期、中期、短期方案，并拟定详细的行动方案和时间限制。高年级的同学可将重点放在就业 3～5 年内的职业生涯规划上；低年级的同学可将重点放在大学生涯的规划上，但都应突出为职业发展所做的准备工作。

④ 职业生涯规划书应有自己的风格和特色。无论是行文的风格、叙述的方式、文案的设计，还是职业目标的选择、职业路线的设计等，不同的见解和风格才是最吸引人眼光的地方，想要出色，就要力争做到创新，要彰显自己的个性与特色。

⑤ 撰写职业生涯规划书时应避免以下情况：假大空、“流水账”、条理不清、文法不通、错别字过多、过于煽情、缺乏理性分析、死气沉沉、没有朝气。

全国大学生职业生涯规划大赛作品评分细则见表 6-1。

表 6-1 全国大学生职业生涯规划大赛作品评分细则

评分要素	评分要点	具体描述
职业生涯规划书内容	自我认知	自我分析清晰、全面、深入、客观，能清楚地认识到自己的优（劣）势
		将人才测评量化分析与自我深入分析综合起来客观地评价自我，职业兴趣、职业能力、职业价值观、个性特征等应分析全面、到位
		从个人兴趣爱好、成长经历、社会实践中分析自我
		自我评估理论、模型应用正确、合理
	职业认知	了解社会的整体就业趋势，并且了解大学生就业状况
		对目标职业所处行业的现状及前景有足够的了解，了解行业就业需求
		熟悉目标职业的工作内容、工作环境、典型生活方式，了解目标职业的待遇、未来发展
		对目标职位的进入途径、胜任标准有足够的了解，深入了解目标职位对生活的影响
		在探索过程中应用到文献检索、访谈、见习、实习等方法
	职业决策	职业目标确定和发展路径设计要符合外部环境与个人特质（兴趣、技能、特质、价值观），要符合实际、可执行、可实现
		对照自我认知和职业认知的结果，分析自己的优（劣）势及面临的机会和挑战，职业目标的选择过程应阐述详尽、合理
		备选目标也要充分根据个人与环境的评估进行分析确定，备选目标的职业发展路径与首选目标的职业发展路径要有一定的联系性
		能够正确运用评估理论和决策模型做出决策
	计划与路径	行动方案对保持个人优势、加强个人不足、全面提升个人竞争力有针对性、可操作性
		短期方案详尽清晰、可操作性强，中期方案清晰并具有灵活性，长期方案具有方向性
		职业发展路径充分考虑进入途径、胜任标准等探索结果，符合逻辑和现实，具有可操作性和竞争力
	自我监控	对行动方案和职业目标设定评估方案，如要达到什么标准，评估的要素是什么
		能够对行动方案的实施过程和风险做出评估，并制订切实可行的调整方案
		调整方案的制订充分根据个人与环境的评估进行分析确定，充分考虑首选目标与备选目标间的联系和差异，具有可操作性
参赛作品设计思路	作品完整性	内容完整，对自我和外部环境进行全面分析，提出自己的职业目标、发展路径和行动方案
	作品思路和逻辑	职业生涯规划书思路清晰、逻辑合理，能准确把握职业生涯规划的核心与关键
	作品美观性	格式清晰、版面大方美观、创意新颖

6.3.3 环节三：制作职业生涯规划书 PPT

把职业生涯规划书通过 PPT 展示出来，提高总结提炼能力、创新能力、审美能力。过程中应注意以下几点。

1）拟写提纲，确定框架。不要急于去查资料，用笔在纸上写出提纲。

2）不要用任何模板，按提纲逐页制作出来。不要花费大量时间找模板，不要找一张做一张，这会本末倒置。要清楚PPT展示中关键的是内容，而不是形式。

3）有了整篇结构性的PPT，尽管底板是空白的，每页只有一个标题，但是只有这样才能给你很大的整理资料的空间。

4）检查PPT中的内容哪些是可以做成图的，如其中带有数字、流程、因果关系、趋势、时间、并列、顺序等内容的，考虑用图的方式来表现。要遵循的原则是：能用图，不用表；能用表，不用字。

5）选用合适的母版。根据PPT呈现出的内容选用不同的色彩搭配，可以用团队标志或口号，制作统一的模板。

6）在母版视图中调整标题、文字的大小和字体，以及合适的位置。

7）根据母版的色调，将图进行美化，调整颜色、阴影、立体、线条，并美化表格、突出文字等。

8）放映。在放映的情况下，团队成员可提出宝贵意见。

6.3.4 环节四：职业生涯规划展示

每位同学充分展示自身的职业生涯规划，分享自己的梦想和行动。过程中应注意以下几点。

1）“10-20-30”准则。一次PPT演讲不能超过10张PPT，总长不能超过20分钟，PPT的字体要大于30号。

2）放慢语速。不要让过快的语速暴露出你的紧张或者缺少经验。

3）抬起头，要和所有听众进行目光交流。

4）熟记概括性的词句。用简洁的词句概括你要表达的内容，并熟记它。

5）“20”准则。每张PPT放映时间大于20秒。

6）大声说出你的想法。演讲中最忌讳的就是观众听不明白演讲者在讲什么。

7）学会赞扬。当评委提出问题的时候，你可以说“刚才这个问题提得很好”或是“我很高兴您提出了这个问题”，并给自己一点准备回答的时间。

8）提早到会场。要提早到达演讲地点，熟悉一下房间情况，检查一下PPT和投影设备，确保不会出现任何异常情况。

9）让听众感受到你的热情。对每一场演讲都要积极投入你的热情。

6.3.5 环节五：职业生涯管理

在所有的内部及外部探索结束后，职业生涯规划才刚刚开始。在职业生涯发展的过程中一定会出现各种问题，职业生涯规划本身就是在发展过程中不断进行调整的。比如，你怀疑自己与上司或同事不合拍、对这一行不感兴趣等，我们需要做的是不要感情用事、不要在情绪低落时选择转型、不要追求一时的稳定和舒适而拒绝改变，成功转型是将自己已有的优势扩大，而不是从零开始。

表 6-2 中的问题没有正确或错误，只是帮助你思考你的职业生涯旅途走到了何处？是否需要做出调整。同样，把它转化为现在的学习生涯规划，你觉得你可以做些什么？

表 6-2 思考的问题

思考的问题	是	否
早晨，你经常精力充沛地起床，心情良好，因为即将开始一天快乐和令人自豪的工作		
你知道如何为组织的成功而努力，并为此获得公平的待遇		
在团队或组织中自己在不断成长和进步		
你每天的工作有挑战，并且大部分能被解决		
你能够积极应对公司的工作，并能按自己的方式正确处理事情		
你的工作符合你的生活风格：你可以平衡工作与健康、休闲、家人、朋友的关系		
你的工作领域让你离自己的长期目标越来越近		

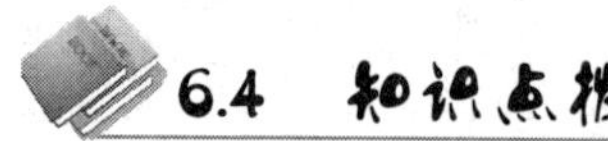

6.4 知识点拨

6.4.1 制作职业生涯规划书的原则

1. 客观性

制作职业生涯规划书，一定要从实际出发，一方面要客观地认识自己，要弄清楚现在的自己是一个什么样的人，自己到底想要什么，未来想要成为一个什么样的人，也就是要有正确的自我认知。比如职业生涯规划书中涉及自我评价的内容，应该做到实事求是，不仅要有对自身优势的肯定，对自己的劣势也要有透彻的剖析。并不是每一个人都能客观地认识自己，有的人用了十几年、几十年，甚至还有一些人穷尽一生仍然没有完成这个自我认知的过程，当然也就不可能做出良好的职业生涯规划。客观地认识自己，是制作职业生涯规划书的前提。另一方面，要客观地认识社会环境，人的职业生涯总是离不开某个特定的社会环境，客观的社会物质条件制约和影响着人们的职业生活，在制订职业生涯规划书时，必须客观地认知和评价置身的社会环境，并遵照社会发展的客观规律和要求去规划未来。这就要求我们不断地深入社会、了解社会，然后学会审时度势。

2. 可行性

制作职业生涯规划书要有的放矢，在现实的努力中具有可操作性。只有在实际生活中可操作的职业生涯规划书才具有价值，才有指导意义。现在大学生中流行制作职业生涯规划书，但有些学生只是为了参加比赛或者多拿几个学分，尽管内容做得很丰富、形式也很漂亮，但根本不切合学生自身的实际，回到现实中几乎没有任何指导价值，这样的职业生涯规划书只能是天方夜谭，完全没有存在的价值。只有能产生实际作用、能明确指点自己发展的职业生涯规划书，才能算得上是科学的、可行的。这也要求大学生在制作前期，对相关领域要尽可能多地收集信息，多做调查，加深对实际状况的了解。

3. 唯一性

现实生活中的人是千差万别的，人们的性格、爱好、能力和价值观都是有差异的。这些差异对职业生涯规划会产生深远的影响。职业生涯规划书应该根据自身的实际状况量身定做，不能照抄照搬别人的成功路径和模式，应结合自身特点，从客观实际出发，选择符合自己的特长和专业的职业道路并做出规划。

4. 激励性

职业生涯规划书就是给自己的未来职业生活确立一个目标定位，将自己的未来进行优化设计。有了目标，才会有动力。只要有了方向和目标，加上对自己足够的信心和持之以恒的努力，未来的职业生涯就会充满生机和活力。

6.4.2 职业定位的原则和策略

1. 职业定位的原则

大学生职业定位应把握4条原则：择己所爱、择己所能、择世所需和择己所利。

（1）择己所爱

职业定位首先要考虑自己喜欢哪种职业，或者对哪种职业比较感兴趣。研究表明，一个对所从事职业感兴趣的人，能够发挥其才能的80%～90%，且能保持长时间高效率、不疲劳；而对所从事职业不感兴趣的人，则只能发挥其才能的20%～30%，且容易疲劳。

一般来说，只有从事自己喜爱的、感兴趣的工作，工作本身才能给你一种满足感，你的职业生涯才会变得妙趣横生。因此，择己所爱是大学生做好未来职业定位的首要原则。

（2）择己所能

在就业竞争中，首先大学生必须善于从与竞争者的比较中认清自己的所长和所短，即竞争的优势和劣势；然后在此基础上按照择己所能的原则进行具体的职业定位。大学生应特别注意要尽可能学以致用，发挥自己的专业特长，把职业定位在与自己所学有较密切联系的行业领域。

（3）择世所需

任何职业的兴起、发展、衰落及消亡均是由社会需求的变化引起的。因此，大学生在进行职业定位时，不仅要了解当前的社会职业需求状况，还要善于预测职业随社会需求而变化的未来走向，以便能使自己的职业定位富有一定的远见。

（4）择己所利

职业是个人谋生的手段，其目的在于追求个人价值。大学生在择业时，要考虑职业带来的收益，尽可能使个人价值最大化。明智的选择是在由收入、社会地位、成就感和工作付出等变量组成的函数中找出一个最大值，这就是择己所利原则。这里所指的“利”，不是单纯的薪酬待遇等，而是要综合权衡多方面的因素，充分考虑国家和社会的需要，综合自己的爱好、特长和需要，进而得出合理的结论。

2. 职业定位的策略

大学生的职业定位通常有 4 种策略。

（1）单一定位策略

单一定位策略是指只考虑一种职业，而不考虑其他职业。例如，学工商管理的只把自己未来的工作定位于职业经理人；学市场营销的只定位于销售人员；学会计的只打算以后从事会计工作；学法律的只想以后做一名律师；学计算机的只选择计算机研究与软件开发工作等。

（2）双重定位策略

双重定位策略是同时考虑两种不同的职业。例如学动物药学的，把自己未来的职业优先定位于动物药品的技术研究与开发，但同时也考虑从事动物药品的营销工作；学工商管理的既考虑企业管理工作，也考虑做销售工作；学环保工程的除了从事环保技术研究与开发外，还可以从事环保产品的销售、技术支持等。

（3）多重定位策略

多重定位策略是同时考虑 3 种以上的职业去向。例如，学社会学的把自己的未来职业定位于在政府机关工作，在高校任教，或在企业专门从事市场调研、统计工作和秘书工作等。

（4）改变定位策略

改变定位策略是根据特定的市场机会或客观形势变化改变自己先前的定位。

例如，有位学工商管理的大学生，开始时把自己的职业定位于企业管理培训师，后改为一般的销售人员，最后又因参加公务员考试被录取，选择进入政府机关工作。职业定位并非一成不变，特别是在大学生的职业生涯初期，可能会一次或数次改变或修订当初的职业定位，以适应新的社会变化，获得更好的生存和发展空间。

6.4.3 职业生涯规划书的主要内容

尽管职业生涯规划书的形式多种多样，内容也丰富多彩，但概括起来一份完整的职业生涯规划书应主要包含表 6-3 中的内容。

表 6-3 职业生涯规划书的主要内容

主要内容	具体包含的内容	主要方法
自我认知	个体基本特征（性别、年龄、身体状况、受教育情况等）；职业兴趣、职业能力、职业性格、职业价值观等	职业测评、360 度评估、技能 / 兴趣盘点、价值观澄清等
环境认知	职业的典型生活、胜任标准、进入职业的途径等；职业本身的前景、职业的晋升和发展路径；工作内容、环境和薪酬等，从事该职业人员的生活方式，对休闲、婚姻、家庭等的影响；家庭氛围（家庭、教育方式）、重要他人（亲属、老师、朋友、同事）、社会环境（学校、社会、其他团体）、政治因素（立法、职业规章、意识形态）、地理因素（天气、气候、地点）等	实习、社会实践、现场观察、职业生涯人物访谈、媒体信息收集等
明确职业目标和路径	选择何种行业；选择行业中的哪一种工作；选择所适用的策略，以获得某一特定的工作；从数个工作机会中选择其一；选择工作地点；选择工作的取向，即个人的工作作风；选择职业生涯目标或系列升迁目标	SMART 原则、SWOT 分析法、决策平衡单、CASVE 循环
制订行动方案和策略	短期方案：指大学期间的方案，如专业学习、职业技能培训、社会实践等。中期方案：指大学毕业后的 5 年方案，如职场适应，知识、人脉等方面的积累，职位升迁等。长期方案：毕业后 10 年以上的方案，如工作生活、身心健康、婚姻家庭、子女教育等	行动 TAR（Time、Action、Result）度量法
反馈评估	家庭情况、组织环境、经济状况、新的机遇、新的潜力发掘等因素是否发生变化；原方案的执行情况分析；备选方案	滚动方案法、备用方案法

6.4.4 职业生涯管理

前面简要介绍了职业生涯管理，这里进行拓展。人的一生的职业发展过程必定是一个动态调整的过程，也是对自己的认识、对外部社会和他人的认识不断反复、全面深入的过程。

1）调整的原因：自身原因、家庭原因、社会原因。

2）调整的要点：

① 调整目标：很多人在设定职业发展目标时喜欢用挣钱的多少来衡量成功。其实真正成功的职业人士，即使在他们职业生涯的早期，也没有单纯地考虑金钱，而是更多地追求自己的梦想，按照自己的价值观去发展。金钱只是职业发展所带来的副产品。

② 调整策略：当评估发现原来的策略收效不理想时，最好去尝试使用其他的一些职业发展策略，而不是在已经证明效果不佳的老路上固执走到黑。遇到突发因素、不良影响时，要保持冷静的头脑，及时分析所遇到的问题，快速拿出新的应对方案。短期规划调整要多注重对环境的分析，多评价内部的短期发展机会；长期规划要多注意对社会环境的分析、本人情况认知、长期发展的机会等。

③ 调整心态：要积极主动，但这并不表示要强出头、富有侵略性或无视他人的反应，只是不逃避为自己开创前途的责任，使自己的思想更为敏锐、理智。

3）生涯管理的有效性标准。托马斯·G. 格特里奇对职业生涯管理的有效性标准进行了探讨，提出了以下标准。

① 达到个人或组织目标。个人目标包括：高度的自我决定、高度的自我意识、获得必要的组织职业信息、加强个人成长和发展、改善目标设置能力。组织目标包括：改善管理者与个人的交流、改善个人与组织的职业匹配、加强组织形象、确定管理人才库。

② 考察项目所完成的活动。包括：个人使用职业工具（参与职业讨论会、参加培训课程）、进行职业讨论、个人实施职业计划、组织采取职业行动（提升、跨职能部门流动）、组织确定继承人。

③ 绩效指数变化。包括：离职率降低、旷工率降低、个人绩效评估改善、填补空缺的时间缩短、增加内部提升。

6.5 案例分享

请认真学习以下 4 份职业生涯规划书案例，看看给你带来哪些启发？

案例一：就业的职业生涯规划书

以下是一位准备毕业后就业的学生的职业生涯规划书。

1. 自我分析

（1）我的性格

我的性格很复杂，具有综合性，内向、外向兼备，但仿佛是外向稍占上风。

比较开朗活泼，易与人交往。喜欢不断结交新的朋友，而且一旦与人建立朋友关系，便会全身心地投入，去经营友谊，所以在朋友中有着较高的评价。

我一直都不甘于落后，有着较强的上进心，不甘心屈居人后，一旦落后便会奋起直追。高中以前一直对一切都看得很重要，不允许自己任何方面做得不好，而且非常重视别人对自己的评价。但是高中之后渐渐明白了，山外有山、人外有人。随着接触到的人越来越多，我也发现了自己越来越多的弱项，有好多是无法和其他同学比较的。于是，从那时候起，就开始渐渐改变自己，不再要求自己在各个方面必须做得优秀，因为人都不是全能的。

这当然有好的一面，这种观点（或者说是价值观）使我的生活不会再像以前那般累，也使我开始能正确认识自己，开始变得有些现实。应对挫折的能力也因此而变强，懂得了微笑面对生活，而不是斤斤计较一些不开心或是失败的事。遇到高兴的事情喜欢与朋友分享，但是遇上悲伤的事情便会自己一个人独自哀叹而不愿将其倾诉，因为我认为悲伤不应该传递给朋友。

（2）兴趣爱好

我的兴趣可能受到家庭环境的影响，自识字起便喜欢读书，直到现在读书仍然是我最大的爱好，没有别的事情可以取代它的地位。读书的范围比较广泛，不会拘泥于一个或几个固定的范围，每个范围领域只要有兴趣都会涉及。但很是遗憾，不清楚是自己读书的方法有问题，还是别的什么原因，虽然看过很多书，但仿佛现在能记得的不太多，掌握的知识也是一知半解、不透彻，每次提笔都感觉没有“墨水”，可能以后还需要提高读书能力。

（3）优势所在

能结交各类朋友且能维持牢固的关系是我的一大优势，毕竟人脉关系在如今这个社会还是有着举足轻重的地位。还有，喜欢读书、不断追求新奇事物的意识促使我不断地补充和提高自己，不断丰富自己的内涵以更好地适应现代社会的需求；而且，我的适应能力很强，不论到了什么陌生的环境，我都会在短时间内使自己适应。

（4）劣势所在

如同上面所述，自从高中之后懂得正确且现实地认识自己之后，学到了很多，但也失去了很多……我在不断的自我怀疑中，不再相信自己有着能与别人竞争的能力；不再（确切说是有些不敢）与别人竞争。于是，我变得越来越低调，越来越沉默。渐渐地，我发现在我持续的沉默中，我已经从高中之前那个参加各种活动的竞争者变成了一个沉默的看客，我对任何活动都没有了激情和兴趣。这是我从上大学以来到现在一直想改变的劣势，但是到现在我发现毫无起色。

（5）改进思想

我不会允许自己就这样沉沦下去。在以后的日子里，我会积极抓住各种适合我的机会去证明和提升自己，可能这对我这个早已习惯沉默和观看的人来说有很大的困难，但是我要拼一下！经过了很长一段时间的思考，我开始懂得，大学就是一个给我们提供各种机会去提前体验失败的试验场，它提供给我们一切机会为以后做准备，以使我们在将来踏入社会的时候不会太仓促和紧张，因为我们经历过失败，并从中吸取了教训，这些都是我们以后竞争中的优势。

2. 职业选择及选择理由

（1）职业选择

虽然当初填报志愿时，新闻学专业不是我自己的选择，但是在我深入学习之后，我发现其实我对这个专业还是很喜欢的，所以我想我未来的职业选择应该是个新闻学专业从业人员，从事记者、编辑或其他新闻学专业工作。

（2）选择理由

我发现有时自己很矛盾，有时候想安静一点地生活，但是大部分时间在骨子里却一直很讨厌平平淡淡、毫无激情的生活。我渴望一种比较多彩的生活，我不喜欢自己的日子如同白开水一样乏味。这是我继续在新闻学专业奋斗的原因之一。

还有，我从小就对新闻工作者很是崇敬，我羡慕他们可以用自己的笔和思维来揭示一些问题，解决一些平常人无法触碰的问题，可以伸张正义，可以去了解很多普通人永远无法知道的事情，这对一直追求新奇的我来说是一种诱惑。而且，如今的新闻学专业的工资水平与其他行业比起来也是很不错的，这符合我的需求和父母的期望。

可能以我目前的状况，这些梦想的实现很是缥缈和不现实。有时我也会想，是不是自己的目标定得有些不切实际，毕竟如今的新闻学专业的工作要求是相当高的，尤其是新闻工作者。

掌握多种技能的社会活动型新闻工作者是现代社会的需求。处在一个社会高度开放、信息高度发达、经济趋向全球化、生活节奏加快的时代，对新闻工作者能力的要求越来越高。

要有快速反应能力，不仅要有“抢新闻”的意识，而且在关键时候，听到一个新精神、一个新提法、一个新题目，就要马上在头脑中有所反应，要有探索新闻的能力。新闻工作者的分辨能力渗透于新闻报道的各个环节，如选题、角度、主题等，要在瞬息万变的信息面前迅速识别哪个是有价值的新闻事件，从而在有限的时间内抓住新闻的本质。

除此之外，还要有一颗冷静而清醒的头脑、一双敏锐而深邃的“透视眼”、一副善听八方的“顺风耳”、一张能说会道的巧嘴。总之，新闻工作者要具有很高的综合素质，各方面都要出色。如果综合素质不过关，应聘新闻工作者会是一个很大的挑战。

如此苛刻的要求，我也想过自己与其存在的差距。就我目前来讲，不安心于平淡的生活、渴望激情，可能会对将来发掘新闻有一定的帮助。但在很大的程度上，我的能力很多都不符合标准。它要求实践能力强，而我现在恰恰处于实践的旁观者阶段，主动性不强。它还要求很好的沟通能力，这就要求提高个人修养和素质，使个人的人格魅力得以提升。

总结一下，我之所以坚持这个行业，首先从我自身来讲，我认为虽然我目前对一些活动不够积极和主动，有些不太适合未来新闻工作者的素质要求，但我也知道，我不是一个轻易服输和不思上进的人，我不会对自己的未来不负责任。

我会用自己的坚强和思考前行，而且我有着很好的交往能力和不错的沟通能力，可能还有很多的不足，但我可以继续进步。从外部因素来说，新闻学专业的工作在社会上是一个不错的选择，同时这也是我的父母对我的一种期盼，我不希望辜负他们。随着我国社会的发展和进步，再加上我国正处于各种制度或政策的转型期，未来的新闻学专业会是一个不缺少新闻、不缺少工作的行业。

3. 未来两年的规划

总纲：我首先要努力学好专业知识，把基础打牢固，不再让基础专业知识出现欠账和漏洞。充实度过每一天，每一天不需要有惊天动地的成绩，但是必须要比昨天有进步和收获。不再迷茫，设定清晰且现实的目标，每天为之而努力。

（1）大二阶段

在学习专业课的同时，多读有关本专业的书籍，以补充课堂上知识的不足，扩展自己的视野。每天认真做好预习和复习工作。在正常学习的同时，还要加倍努力学习英语，以应对学期末的大学英语四级考试。每天为自己制订英语学习计划，保证单词量，每天练习听力，以提高听力水平。

早晨早起去操场大声朗读英语，以提高自己的英语发音和听力水平。在平时一有机会就要加强口语的练习，不再因为张嘴而说不出英语句子或单词而苦恼，更为自己日后的职业奠定基础。毕竟，新闻工作者要接触的人很多，用英语的场合会非常多，如果英语学不好，将来职业发展会受限。还有，要拿到全国计算机等级考试二级合格证书及普通话水平测试等级证书。这些能力都是作为一个未来求职者所必须具备的。

加强实践能力的锻炼——积极参加各种活动，不再当一个看客。在各种活动中锻炼参与和动手能力。在闲暇的时间，自己找机会去一家新闻公司进行实习，以了解未来工作的能力需求和工作流程。

（2）大三阶段及以后

我认为现今的大学生毕业后必须面对的是就业的压力，这是一条无法逃避的道路。所以，这促使我大三以后除了做好实习工作外，要将精力放在就业的准备上。争取在实际工作能力提高的同时进一步提高就业能力和职业素质，更好地开始自己的职业生涯。

这些是我最基本的职业生涯规划，我认为想通过这些规划达到一个非常成功的境界是很困难的。但规划是为了使我们自己每天都会有事情去完成，每天都会有新的收获和发现，每天都会有比前一天更大的进步。抓住每一天，充实度过每一天。我要抓住梦的翅膀，让梦想启航！

案例二：专升本的职业生涯规划书

以下是一位准备毕业后由专科考入本科继续学习的学生的职业生涯规划书。

1. 自我分析

（1）我的性格

我不是一个外向的人，面对陌生人，我常带着一点点羞涩；但我也不是一个内向的人，在某些场合，我也会表现出热情和大胆。我不自信、不乐观、不够坚强、情绪化、脾气不好，但我能吃苦、懂得节俭、做事认真，能积极完成项目；我是个急性子，我容不得做事缓慢、拖拉。

（2）我的兴趣

我还没有发现自己有什么值得称赞和发展的兴趣，这是做人的悲哀。

（3）我的技能

此项改为我的能力或许更为贴切。我表达能力不强，导致写作能力也不强。我的交际能力很差，面对陌生人，我不想去主动交谈，所以到目前为止，我的交际圈不广。我自控能力差，曾经雄心勃勃地发誓要每天记多少个单词，但每次都面对诱惑无法自控。

2. 职业决策

我的目标是专升本，毕业后成为优秀的律师。

3. 决策理由

现在社会竞争越来越激烈，只有专科水平是很难在社会立足的，所以我要专升本，掌握足够的知识和技能，闯出自己的一片天地！我选定的专升本的目标学校是中国政法大学或吉林大学。

本科毕业后，我会努力成为一名优秀的律师。选择这个职业有以下 3 个方面的原因。

1）法律的职责就是保护弱小、伸张正义。而律师正好可以为处于无助境地的人伸张正义，保护他们的合法权益。

2）律师的压力比较大，要做一个好律师、大律师更是极具挑战性。青年人朝气蓬勃、肩负重担，寻求一个挑战性极强的职业能更好地促进自身发展，督促自我成长。

成为一名律师是父母一直以来对我的期望，我也觉得自己更适合成为一名律师。

4. 我要掌握和发展的技能

从事法律工作要求很高，根据我的了解和实际比较，我与职业要求还有很大差距。我应该发展和掌握的技能主要有以下几点。

1）系统全面的法律知识。只有掌握全面的法律知识，才能以法服人，才能为当事人争取到最大的利益保护。也只有掌握系统的知识，我才能在竞争激烈的社会中立于不败之地。

2）掌握有关思维逻辑、逻辑推理方面的知识，具备一定的逻辑推理能力。法律本身就是逻辑推理的结果，法律实务工作本身也离不开逻辑推理，只有掌握这一技能，才能有条理地处理案件。

3）法律文书写作能力。法律文书写作能力一直是我的弱项，但却是我不得不提高的一项技能。

4）辩论与沟通能力。不善言谈是我一直以来意识到但却一直没能提高的缺点，没有这一能力，我怎么和我的客户沟通？怎么让我的当事人相信我？怎么在法庭上为我维护的当事人雄辩？

5）英语能力。掌握良好的英语能力能拓展业务，带来更强的竞争能力和更广泛的工作领域。

6）实务操作能力。法学是一个应用性非常强的学科，为此法学教育不仅仅要进行知识教育，更重要的是要进行实践能力的教育。必须进行系统的法律知识灌输和科学严格的职业训练，既能掌握丰富的法律知识，又能掌握法律的实践技能和操作技巧，并且能够娴熟地处理社会当中各种错综复杂的社会矛盾和社会问题。

7）敏于观察、勤于思考的习惯和能力。

8）掌握有关社会经济发展的相关专业知识。法律不仅要调整人与人之间的关系及人与社会之间的关系，而且还要调整人与自然之间的关系，因此要求法学学生不仅要掌握相关的法学知识和人文知识，而且还要了解与法学相关的自然科学和社会科学知识。这有利于培养我从不同的学科背景去认真思考现实生活中所产生的各种问题的能力，并能提升我的法律职业道德品质。

5. 我的计划

（1）大二计划

1）努力学好专业知识。

2）到法院旁听至少 3 次，不同类型的案件都要接触。

3）开始准备国家司法考试。

4）利用周末和节假日到律师事务所实习，了解其日常运作方式。

5）通过英语应用能力考试。

（2）大三计划

1）努力学好专业知识。

2）通过大学英语四级考试。

3）准备专升本考试。

4）参加招聘会，了解就业信息。

5）到更权威的律师事务所实习。

6）参加专升本考试。

6. 具体行动方案

为达到我的理想，我的具体行动方案如下：

（1）专业知识的提高

不无故缺课，认真学习专业知识，多读有关专业知识的书籍，多和老师沟通。

（2）英语能力的提高

每天背 10 个单词，阅读英语短文 30 分钟；每周写 1 篇作文，练习听力 30 分钟，做 A 级试卷 1 套。大二通过英语应用能力考试，大三通过大学英语四级考试。口语能力一定要提高，要练就一口流利的英语。

（3）写作能力的提高

多看书，每周最少写一篇文章，如随感、小论文、应用文等。多看好的文章，掌握好的写作技巧。专业论文一定要多接触。

（4）辩论和沟通能力

多参加或旁听辩论赛，多吸取别人经验，总结别人的说话技巧，每周至少和一个陌生人沟通，掌握沟通技巧。

（5）人际关系

多参加活动，每周至少一次。从英语角到协会活动，尤其是人多的活动和陌生人多的活动一定要参加。面对陌生人多说话，每次参加活动都要结交几个朋友。和老师处好关系。

（6）逻辑推理能力

学习逻辑学，遇事认真思考，多动脑子。

（7）实务能力

利用课余时间到律师事务所实习，到法院旁听。大二一定要有实习经历，了解律师事务所的日常运作方式；大三到更好的律师事务所实习，学习办理案件的操作能力，并利用业余时间争取做律师助理。到法院旁听不同类型案件的审理，了解法庭的运行程序。只要有实习机会，就不能放过，律师这一行，实务能力更重要。

（8）计算机操作能力

提高计算机操作能力。

（9）人文素质、综合能力的培养

每天收听新闻广播、看报纸，了解时事动向，阅读经济、政治、文化、科学、历史等各方面的书籍，扩大知识范围。每天坚持锻炼半小时，养好身体，为以后的艰苦奋斗做好硬件准备。

（10）社会关系

拓宽自己的社交领域，处理好社会关系。

（11）有关伦理道德方面的知识

法律不仅具有工具性价值，还具有伦理性价值。而法律自身所具有的这种伦理性价值，又是和社会正义密切联系在一起的。在真正的法治国家，法治所体现的价值与社会的主流伦理道德规范表现出高度的同质性，法治的价值在很大程度上也是道德规范的价值，或者是伦理道德规范的评价指标。为此，我必须学习有关伦理道德方面的知识。

这就是我的职业生涯规划，我对自己做出承诺，一定会坚持努力成为一名优秀的律师。我相信，我一定会在律师行业做出一番成就。

案例三：考公务员的职业生涯规划书

以下是一位准备毕业后考公务员的学生的职业生涯规划书。

1. 自我分析

（1）我的性格

我觉得我的性格既不算太活泼，也不算太内向。由于来自偏远山区，经历过一些困难，所以遇事能够沉着冷静，与人相处也很融洽。还有，我也比较好胜，但能够很好地面对成功和失败，能很好地对待周围的人。但有时发现自己在某些事上原则性比较强，这样显得有点以自我为中心。

（2）我的兴趣

我的兴趣爱好比较广泛，好像什么都喜欢，我喜欢看小说、爬山、打球、旅游、吹笛子、唱歌、跳舞（比较喜欢集体性的）等。虽然有这么多的兴趣爱好，但水平都不高。

（3）我的技能

1）我现在拥有的技能：计算机基础技能。

2）我大学期间需要提高和发展的技能：

① 计算机技能：计算机技能是以后工作中的通用技能，也是我现在所学专业的主要方向。

② 英语：英语良好，在以后找工作的过程中更有优势，也是一种通用技能。

③ 口头、书面表达能力：现在我自己觉得表达能力方面还很差，有待提高。因为这不仅是以后工作的需要，而且也是影响生活质量的重要因素。

④ 管理组织能力：我认为能很好地管理自己或者是一个集体，组织好自己想组织的活动，这不仅能满足自己的兴趣需求，而且对以后的工作也很有帮助。

（4）我的家庭情况

我家是典型的三代同堂的家庭，虽然家庭经济条件不是很好，但是个充满爱和幸福的家庭。

（5）我的优势和劣势

1）优势：有较好的观察力，意志坚强，自我调节能力强，领悟力、学习接受能力较强；自认为有一定的组织管理能力，比较注重全局，学习能力也还可以。

2）劣势：有些时候比较固执、太自信，行事谨慎，不喜欢冒险，不愿意也不敢承担较大的风险。

2. 职业选项及决定因素

我把公务员作为首要职业选项有以下几方面的原因。

1）从自身分析，受传统思想影响较大。自大学生职业生涯规划第一节课，我就开始思考自己将来的职业选项，发现自己从小受到的教育都是“好好读书，考大学，将来回来建设家乡”，而考公务员便是一种建设家乡的途径。而自己也在不知不觉中把公务员当作奋斗的目标。即使自己没有发觉，这个潜在的目标还是比较牢固的。所以，从自身考虑把公务员选为首要的职业选项是正确的。这也是我学的是信息与计算科学专业，却选公务员为职业目标的主要原因。

2）从其他特殊情况来看，我是少数民族，并且家乡少数民族干部较少，这一特殊情况对我也比较有利。

3. 与目标的差距

我的综合素质有待提高，公务员都需要很强的综合能力，综合能力对一个人的发展影响很大。我现在的组织管理能力等各方面都很有限，语言理解与表达能力、提取概括能力、逻辑分析能力、解决问题的能力等都有待提高。

4. 三年行动规划

（1）学好本专业知识

学好本专业知识是毕业的前提条件，也是以后学习、工作所需要的。本专业也要学很多计算机课程，掌握计算机技术对以后就业是很有帮助的。计算机技能是以后工作中的通用技能，因此我要拿到全国计算机等级考试四级证书。

（2）学好英语

学好英语对以后的工作、学习都是很有帮助的，这样也符合“T 型人才”的要求。我的英语基础并不好，但我还是在坚持每天记10个单词、练听力，读英语文章；并且，打算在大二下学期先通过大学英语四级考试，大三再通过大学英语六级考试。当然，这肯定需要加倍努力，我相信自己是能够坚持下去的。

（3）培养组织管理能力

在大学期间，争取多参加社团活动，并组织一些社团活动。

除此之外，以后尽量多参加寒暑假的实践活动、志愿活动等。这样，不仅丰富了自己的社会实践经验，还提高了自己的综合能力。

除了上述规划外，我会不断关注社会就业情况，以及公务员考试的录用条件及政策等。必要时，调整行动规划。

案例四：创业的职业生涯规划书

以下是一位准备毕业后自主创业的学生的职业生涯规划书。

1. 选择创业的理由

我选择创业作为我努力的方向。我创业的目标是自己开一家广告公司。做出这一决定，主要基于以下几方面因素。

（1）本人具备的专业优势

由于我的专业是新闻学，与广告专业同属于文化传播学院的管理范畴，使我有机会学习到多门广告课程，这显著激发了我对广告行业的兴趣。我认识到了广告的重要性，学习了有关广告的基本理论和广告文案写作的基本方法。可以说，我对广告行业充满了热忱与期待。

（2）自我分析

我具备如下能力：

1）想象力较丰富。

2）具有较强的文案写作与设计能力。

3）有一定的美术功底。

4）具有一定的创新能力。

5）具有较好的人际交往能力。

6）善于发现问题，并能找出问题产生的原因和提出解决问题的方法。

我决定创业还因为我具备以下素质：

1）具有永不服输，永远向上的奋斗精神。

2）认真、敬业，对喜欢的事情一丝不苟、兢兢业业。

3）我不是一个刻板的人，我喜欢冒险，追求创新。

4）做事果断。

2. 创业准备规划

1）选修、旁听有关广告和工商管理的课程。

2）参加学校的创业社团，参加大学生创业大赛，学习和积累创业经验。

3）完成3类商品广告，包括具体的广告创意、绘图、文案写作、宣传周期、宣传方式及电视报纸的覆盖率。

4）完成一份“观众印象最深”的广告问卷，根据问卷写一份调查报告。

5）订一份专业报纸，了解时尚潮流，同时对报纸上的广告进行长期追踪。

6）撰写文章，向班级期刊、校报、校外期刊投稿，锻炼自己的文字写作能力。

7）进入广告公司实习。

8）假期从事促销兼职，一方面适应社会，另一方面提高自己对商品亮点的把握能力和人际交往、沟通能力。

9）研究有关广告和企业管理的理论著作，认真完成读书笔记。

以上仅是我在大学期间最基本的行动规划，我还需根据实际情况做出调整，我也深知开公司与做一名广告策划不可兼得，对此，我的目标是，在毕业后首先进入一家广告公司，一边从事广告工作，一边学习企业管理。当我认为已经掌握相应的企业经营和管理能力，具备其他创业的条件后，我会开设自己的公司，实现自己的创业理想。

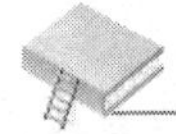

6.6 拓展体验

6.6.1 请保持行动

幸运绝非偶然，必须保持行动，注意以下观点：

1）不必立即做出一个职业生涯决策，而是保持一个开放的观点。学完本课程还没有明确目标的，也不必沮丧，关键是要对职业生涯保持思考。

2）不是一定要追寻你的梦想，不必因为未实现儿时的梦想就觉得自己是个失败者，而是要不断去检验你的梦想。

3）不要为了等待幸运的垂青而无所事事，要行动起来，亲手创造自己的幸运。

4）不要过于小心谨慎，不敢承担责任，要勇于冒险，失败了从头再来。

5）不一定非要先学技能再找工作，可以先找工作再学技能。虽然找工作“一步到位”最理想，但“多步到位”更现实。

6）不是完成学业就万事大吉了，要明白学无止境。

为了实现自己的职业生涯目标，你可以采取的 3 个小行动是：

____

____

____

6.6.2 10 年后的我

人生若没有理想，就如漂泊的航船。凭着过去的经验和直觉，请试着为自己的未来选定一个方向，并展开对生命的探索。努力做一次理性而适宜的职业生涯规划。

成功者画像——10 年后的我：

我是______________________________（姓名）。

我是个______________________________的人。

我所从事的工作是______________________________。

我的专长是______________________________。

我的工作报酬是______________________________。

在别人眼里，我是个______________________________的人。

6.6.3 我的生涯平衡论

画一个圆圈，8 等分。列出你生活中最重视的 8 个方面：职业发展、财务状况、健康、娱乐休闲、家庭、朋友与其他重要的人、个人成长、自我实现，填入等分的圆中，如图 6-4 所示。思考以下问题：

1）这 8 个方面的优先顺序是什么？什么是对我最重要的？如果 10 分是满分，我给各个方面打几分？请在图中标识出各方面的分数。

2）我对目前的状况满意吗？我最想改变的是哪一方面？

3）我会给自己不满意的方面打几分？假如奇迹发生了，不满意的方面得到了改善，我希望是提升几分？那时，我的生活会有什么改变？

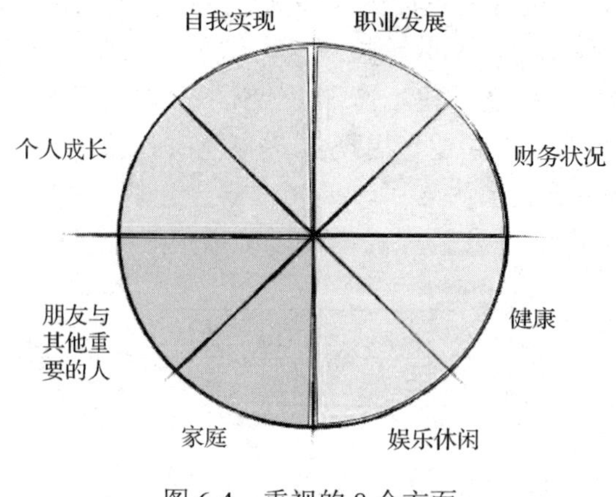

图 6-4 重视的 8 个方面

6.7 动脑小测

1．职业生涯规划书中的环境分析不包括（　　）。

A．生活环境

B．家庭环境

C．学校环境

D．社会环境

2．职业生涯规划书的原则不包括（　　）。

A．内敛性

B．客观性

C．可行性

D．激励性

3．大学生职业定位的首要原则是（ ）。

A．择己所能

B．择己所爱

C．择世所需

D．择己所利

4．PPT 展示时，正确的做法是（ ）。

A．PPT 就是发言稿

B．颜色要多，最好一张一色

C．字少图多

D．格式多样化

5．每天临睡前，对要做的事情、预估完成的日期，以及是否完成等情况进行思考，这是职业生涯管理中的（ ）。

A．自我监督

B．自我评估

C．自我强化

答案：A、A、B、C、A。

6.8 我的生涯时光

日期：

本周生涯主题（可以从学习、交友、社团、实践、自我管理等方面进行自我设定）。

1．____________________

2．____________________

3．____________________

本周生涯力量（如给我支持的人、最快乐的事情、最有成就感的事情等）。

1．____________________

2．____________________

3．____________________

4．____________________

5. ____

6. ____

本周生涯自评（请在相应分数上打钩，1 代表最低，10 代表最高）。

快乐度：1　2　3　4　5　6　7　8　9　10

充实度：1　2　3　4　5　6　7　8　9　10

幸福感：1　2　3　4　5　6　7　8　9　10

本周生涯评价（请记录最有感触的一句话）。

____

参考文献

丁茂芬，2010. 职业心理素质训练[M]. 北京：清华大学出版社.

古典，2014. 你的生命有什么可能[M]. 长沙：湖南文艺出版社.

刘明耀，2015. 职业生涯规划与就业指导案例解析[M]. 北京：电子工业出版社.

苏文平，2016. 职业生涯规划与就业创业指导[M]. 北京：中国人民大学出版社.

郑春晔，吴剑，2013. 大学生涯与职业规划[M]. 北京：经济科学出版社.

吴芝仪，2008. 我的生涯手册[M]. 北京：经济日报出版社.

徐端华，樊富珉，2013. 做早起觅食的鸟儿：捕捉职业生涯的发展机遇[M]. 北京：中央广播电视大学出版社.

闫路平，谢小明，唐伶俐，2014. 大学生职业生涯发展规划与就业创业指导[M]. 西安：西安交通大学出版社.

张兵仿，2016. 大学生职业生涯规划[M]. 北京：时事出版社.

职业生涯与发展规划课题组，2010. 大学生职业生涯与发展规划教程[M]. 北京：中国传媒大学出版社.

钟谷兰，杨开，2008. 大学生职业生涯发展与规划[M]. 上海：华东师范大学出版社.

附　　录

专业选择与霍兰德职业兴趣类型对应表

专业类型	专业名称	霍兰德职业兴趣类型所占分数（1～5分）						霍兰德代码职业信息检索							
		R	I	A	S	C	E								
工程类	服装设计与工程	3	2	5	3	3	4	AER	AEC	AES					
文史类	广告学	3	1	5	3	3	4	AER	AEC	AES					
农学类	园艺	4	3	4	2	3	1	ARC	RAC	RAI	ARI				
文史类	动画	4	2	5	2	3	2	ARC							
文史类	音乐学	5	3	5	2	1	1	ARI	RAI						
文史类	美术学	5	3	5	2	1	1	ARI	RAI						
文史类	艺术设计	5	3	5	2	2	1	ARI	RAI						
工程类	包装工程	3	3	4	2	2	2	ARI	AIR						
文史类	戏剧影视文学	1	3	5	3	2	2	ASI	AIS						
管理学类	会计学	1	4	1	2	5	3	CIE							
管理学类	信息管理与信息系统	5	5	1	3	4	2	RIC	IRC						
法政经济类	金融学	2	4	1	4	5	3	CIS	CSI						
工程类	印刷工程	3	3	2	2	4	3	CRI	CRE	CIR	CER	CEI	CIE		
管理学类	财务管理	4	3	1	3	5	2	CRS	CRI						
医学类	临床医学	4	3	1	3	4	1	CRS	RCS	CRI	RCI				
管理学类	档案学	3	3	1	3	4	1	CSI	CIS	CRS	CSR	CIR	CRI		
文史类	汉语言	1	3	2	4	4	2	CSI	SCI						

续表

专业类型	专业名称	霍兰德职业兴趣类型所占分数（1～5分）						霍兰德代码职业信息检索							
		R	I	A	S	C	E								
管理学类	图书馆	3	2	1	3	5	1	CSR	CRS						
法政经济类	侦查学	3	2	1	4	5	2	CSR							
理学类	资源环境与城乡规划管理	2	4	2	4	3	4	EIS	ISE	SIE	ESI	IES	SEI		
管理学类	工商管理	1	2	1	4	4	5	ESC	SCS						
管理学类	市场营销	2	3	3	5	4	5	ESC	SEC						
管理学类	行政管理	1	3	2	5	5	5	ESC	SEC	CSE	CES	SCE	ECS		
法政经济类	国际政治	1	3	2	4	3	4	ESI	SEI	SEC	ESC				
农学类	园林	3	5	4	2	2	1	IAR							
文史类	汉语言文学	1	4	3	3	3	1	IAS	ISA	ICS	ISC	IAC	ICA		
工程类	工业设计	2	4	4	3	2	3	IAS	AIS	IAE	AIE				
文史类	考古学	2	5	3	2	4	2	ICA							
医学类	基础医学	3	5	2	1	4	1	ICR							
医学类	药学	3	5	1	3	3	2	ICR	IRS	IRC	ISR	ICS	ISC		
工程类	自动化	3	5	1	3	4	2	ICR	ICS						
工程类	水文与水资源工程	2	5	1	1	3	2	ICR	ICE						
理学类	统计学	4	5	2	2	4	2	ICR	IRC						
文史类	历史学	1	5	2	3	4	2	ICS							
法政经济类	财政学	3	5	1	3	4	2	ICS							
工程类	安全工程	3	4	2	3	4	2	ICS	CIS	CIR	ICS				
理学类	数学与应用数学	2	5	1	3	4	2	ICS							
工程类	水利水电工程	2	5	1	2	2	4	IER	IES	IEC					
法政经济类	经济学	3	5	1	3	2	3	IES	ISE	IER	IRE	IRS	ISR		
管理学类	管理科学	4	5	2	3	3	1	IRC	IRS						
工程类	冶金工程	4	4	2	2	2	2	IRC	RIC	IRS	IRA	IRC	RIS	RIE	RIA
工程类	金属材料工程	4	4	2	2	2	2	IRC	RIC	IRS	IRA	IRC	RIS	RIE	RIA
工程类	无机非金属材料工程	4	5	1	2	3	1	IRC							

续表

专业类型	专业名称	霍兰德职业兴趣类型所占分数（1～5分）						霍兰德代码职业信息检索							
		R	I	A	S	C	E								
工程类	高分子材料工程	5	5	1	2	3	1	IRC							
工程类	材料成型及控制工程	4	5	2	1	3	3	IRC	IRE						
工程类	过程装备与控制工程	5	5	2	2	4	2	IRC	RIC						
工程类	热能与动力工程	5	5	1	3	3	1	IRC	RIC	RIS	IRS				
工程类	电气工程及其自动化	5	5	2	3	3	3	IRC	IRS	IRE	RIC	RIS	RIE		
工程类	通信工程	5	5	1	2	4	3	IRC	RIC						
工程类	计算机科学与技术	5	5	2	3	3	2	IRC	IRS	RIS	RIC				
工程类	生物医学工程	4	5	3	1	3	2	IRC	IRA						
工程类	测绘工程	3	4	2	1	2	1	IRC	IRA						
工程类	制药工程	3	5	1	2	3	2	IRC	ICR						
工程类	交通工程	4	5	1	4	4	3	IRC	IRS	ICR	ISR				
理学类	信息与计算科学	4	5	1	2	3	2	IRC							
理学类	物理学	4	5	2	1	3	1	IRC							
理学类	生物科学类	4	5	1	2	3	3	IRC	IRE						
理学类	地质学	3	4	1	3	3	2	IRC	IRS	ISR	ICR				
理学类	地球物理学	2	4	1	1	2	1	IRC	ICR						
理学类	大气科学类	3	5	1	2	3	1	IRC	ICR						
理学类	理论与应用力学	4	5	1	2	3	1	IRC							
理学类	材料化学	4	5	1	2	2	2	IRC	IRS	IRE					
理学类	微电子学	3	5	1	1	1	2	IRE							
医学类	中医学	3	5	1	3	3	2	IRS	IRC	ISR	ICR				
农学类	农业资源与环境	4	5	1	3	2	2	IRS							
工程类	交通运输	4	4	1	3	3	2	IRS	IRC	RIS	RIC				
理学类	应用物理学	3	5	1	3	2	3	IRS	ISR						
教育学类	教育学	1	5	2	3	3	2	ISC	ICS						
法政经济类	哲学	1	5	2	3	3	2	ISC	ICS						
法政经济类	国际经济与贸易	2	4	1	4	3	3	ISC	ISE	SIE	SIC				

续表

专业类型	专业名称	霍兰德职业兴趣类型所占分数（1～5分）						霍兰德代码职业信息检索							
		R	I	A	S	C	E								
法政经济类	社会学	1	5	2	5	3	3	ISC	ISE	SIE	SIC				
法政经济类	政治学与行政学	1	5	2	3	3	2	ISC	ICS						
理学类	地理科学	1	5	2	3	2	2	ISC	ISE						
理学类	环境科学	1	4	2	3	2	2	ISC	ISA	ISE					
医学类	空腔科学	5	3	4	3	2	1	RAS							
工程类	建筑学5	5	3	3	3	4	2	RCA	RCI	RCS					
医学类	麻醉学	5	3	1	2	4	2	RCI							
医学类	医学影像学	5	3	1	2	4	1	RCI							
农学类	农学	5	3	2	1	4	2	RCI							
教育学类	教育技术学	5	3	2	2	3	1	RCI	RIC						
工程类	勘察技术与工程	4	2	2	2	3	2	RCI	RCA	RCS	RCE				
工程类	建筑环境与设备工程	5	3	2	3	4	2	RCI	RCS						
工程类	纺织工程	4	4	42	2	3	2	RIA	RAI	AIR	ARI	IAR	IRA		
农学类	植物保护学	5	5	1	2	4	2	RIC	IRC						
农学类	动物医学	5	3	1	2	3	2	RIC	RCI						
工程类	机械设计制造及其自动化	5	5	1	2	3	2	RIC	IRC						
工程类	测控技术与仪器	5	4	2	3	2	3	RIC	RIE						
工程类	土木工程	5	4	2	3	4	3	RIC	RCI						
工程类	环境工程类	5	3	1	3	3	2	RIC	RIS	RSC	RCS	RSI	RCI		
工程类	油气存储工程	5	3	2	3	3	3	RIC	RIS	RSC	RCS	RSI	RCI	RIE	REI
工程类	航海技术	5	3	2	3	4	3	RCI	RCE	RCS					
工程类	船舶与海洋工程	5	3	2	1	2	2	RIC	RIA	RIE					
工程类	轻化工程	4	4	2	2	3	3	RIC	IRC	IRE	RIE				
理学类	化学类	5	5	1	2	3	1	RIC	IRC						
理学类	地理信息系统	5	4	1	2	4	2	RIC	RCI						
理学类	海洋技术	4	3	2	2	2	2	RIC	RIS	RIA	RIE				
工程类	采矿工程	4	4	1	2	2	3	RIE	IRE						
医学类	医学检验	5	4	1	3	3	1	RIS	RIC						
医学类	针灸推拿学	5	3	1	3	2	2	RIS	RSI						

续表

专业类型	专业名称	霍兰德职业兴趣类型所占分数（1～5分）						霍兰德代码职业信息检索							
		R	I	A	S	C	E								
医学类	法医学	5	4	2	3	3	2	RIS	RIC						
农学类	林学	5	4	3	3	2	1	RIS	RIA						
农学类	动物科学	5	3	1	3	2	3	RIS	RSI	RIE	REI	RSE	RES		
工程类	港口航道与海岸工程	5	3	2	3	3	2	RIS	RIC	RSC	RCS	RCI	RSI		
工程类	化学工程与工艺	5	4	2	3	2	2	RIS							
理学类	电子信息科学与技术	5	4	1	3	2	2	RIS							
工程类	给排水工程	5	3	1	4	4	3	RSC	RCS						
教育学类	体育学类	4	1	2	4	1	3	RSE	SRE						
文史类	非英语类外语	1	2	4	5	3	2	SAC							
教育学类	学前教育	1	2	3	5	2	2	SAC	SAI	SAE					
文史类	广播电视新闻学	2	2	5	5	3	4	SAE	ASE						
文史类	对外汉语	1	1	2	5	4	2	SCE	SCA						
法政经济类	治安学	1	2	2	5	4	4	SCE	SEC						
文史类	英语学	2	3	2	4	3	2	SCI	SIC						
法政经济类	社会工作	1	2	1	4	3	2	SCI	SCE						
医学类	护理学	4	3	2	5	4	1	SCR	SRC						
教育学类	特殊教育	3	2	1	5	4	2	SCR							
管理学类	人力资源管理	1	2	2	5	3	5	SEC	ESC						
管理学类	旅游管理	1	2	1	5	3	3	SEC	SCE						
管理学类	公共事业管理	3	3	2	5	3	4	SEC	SER	SEI					
管理学类	劳动与社会保障	1	3	2	5	3	3	SEC	SIC	SIE	SEI	SCI	SCE		
管理学类	土地资源管理	2	2	1	5	3	4	SEC							
法政经济类	法学	1	2	1	5	2	4	SEC	SEI						
文史类	新闻学	2	3	2	5	3	3	SEI	SCE	SIC	SCI	SIE	SEC		
文史类	编辑出版学	1	3	2	5	2	4	SEI							
管理学类	物流管理	1	3	2	5	2	2	SIC	SIE						
理学类	心理学	1	4	1	5	3	2	SIC							
文史类	广播电视编导	5	1	4	5	3	4	SRA	RSA	RSE	SRE				
管理学类	工程管理	4	3	1	5	2	2	SRI							
工程类	城市规划	5	3	3	5	2	2	SRI	RSI	SRA	RSA				

注：R—现实型；I—研究型；A—艺术型；S—社会型；E—企业型；C—传统型。